西尾末廣

皇室と議会政治を守り、
共産運動と戦った男

梅澤昇平

展転社

目次

序章

いま西尾末廣《すえひろ》といってもピンとこない人が多いだろう。民社党（一九六〇〜一九九四年）をつくり、その前には日本社会党（一九四五〜一九九六年）、さらに片山内閣（一九四七〜一九四八年）を作った政治家である。

この人ほど、毀誉褒貶《きよほうへん》の激しい政治家はいないかも知れない。

左翼からは、蛇蝎《だかつ》のように嫌われた。結成から百年を迎えた日本共産党がみずから出したいくつかの「党史」を読むと、まず第一に嫌われた男が西尾である。

日本共産党史は何度も作り替えられているが、たとえば『日本共産党の四〇年』では、「西尾一派の右翼社会民主主義者」とあり、『日本共産党の五〇年』には、「松岡駒吉、西尾末廣ら反共右翼社会民主主義者は」「統一戦線の結成をはばんだ最大の障害が、社会党と総同盟の指導部をにぎっていた右翼社会民主主義勢力の反共主義」と書かれている。松岡とは西尾の盟友で、総同盟会長を務めた。

さらに、戦争直後の機関紙「赤旗」第一号でも、社会党は「松岡駒吉、西尾末広を先頭として、多かれ少なかれいわゆる労働組合に地盤を有する組合又は政治ゴロの親分、ダラ幹の元締が多く、おまけに悪質な戦争犯罪人まで含まれている」と口汚く罵倒している。

共産党史に出てくる〝悪人〟は三種類である。

第一種は、松岡や西尾ら。

第二種は党の〝裏切り者〟の、野坂参三（もと議長、同志を売ったとの容疑で除名）、志賀義雄（もと常任幹部会員、ソ連派として除名)、袴田里見(もと副委員長、宮本顕治委員長批判の容疑で除名)である。

第三種は、党内の路線闘争で追い出したもの。春日庄次郎(もと中央統制委員長、宮本路線に反対)ら。それに権力闘争で追い出した、あるいは否定した者。徳田球一(もと書記長、家父長的なボス支配で死後糾弾)、伊藤律(もと政治局長、徳田側近として中国で幽閉)らが含まれる。

問題は先にあげた第一種である。共産党に刃向かい、妨害した者たちだ。少なくとも三人いる。西尾末廣、松岡駒吉、春日一幸(もと民社党委員長)である。

西尾末廣

西尾は、戦前は最大の労働組合である総同盟の会長代理として、総同盟から共産系を除名にした。一九二五(大正十四)年の総同盟第一次分裂である。戦後は、社共統一戦線に反対し、これを作らせなかった。これらの恨みは深い。

松岡は、西尾と組んで総同盟を率い、総同盟の容共化を阻止した男である。

春日は、一九七六年一月の国会代表質問で、宮本顕治共産党委員長(当時、参議院議員)の〝古傷〟ともいうべき一九三三(昭和八)年のいわゆるリンチ共産党事件を取り上げ、宮本委員長の公民権復活に疑義ありと追及した。この質問で、共産党内は「金魚鉢をひっくり返したような大騒ぎ」（兵藤達吉『日本共産党の戦後秘史』）となり、次の総選挙で共産党は議席が半減した。この恨みも深い。

このように共産党や左翼からの批判、非難は執拗だ。

これとは別に西尾に高い評価を下す政治家、評論家はまた少なくない。西尾が戦後復興と左翼化阻止に果たした役割の評価である。西尾のことを労働運動から政治家まで知り尽くしているジャーナリストに俵孝太郎がいる。

彼は戦後の評価すべき政治家として四人を挙げる。吉田茂、岸信介、池田勇人、そして西尾である。西尾を評価するのは「共産党に対抗して労働運動の正常化を目指し、のちに総評と対決して労使協調の路線をとって、合理化にも生産性向上にも労組の立場から協力した、いわゆる民主的労働組合運動の果たした役割は、極めて大きかった。……多数の人材を養成しつつ、労働組合の左翼的政治偏向を是正してきた功績を無視して、戦後日本の経済的興隆は語れない」（俵『政治家の風景』）と。四人の中に佐藤栄作はない。西尾は、労働運動と政治運動のいわば二刀流での評価である。

著名な政治評論家で戦後ＮＨＫの会長も務めた阿部眞之助も毒舌ながら、後述するが、評価が高い。

いま政界を見ると、安定しているようで、政権交代の可能性は高くなく、緊張感に欠ける。政治家も八方美人型が多い。その原因の一つは、小選挙区制が定着し、全方位型の無難な政治スタンスでないと当選できなくなってきたこともあるだろう。

かつての中選挙区制では五名区だと一二～一三％くらいの得票率で当選できた。六～七人に一人の熱烈な支持者がいれば良かった。自由な言論ができた。いまはそうはいかない。個性の強い政治家は〝淘汰〟される。これでいいのか。もっと個性ある信念のある政治家や政党が欲しい。

西尾は、左翼的マスコミの影響下で苦労し、満身創痍の政治家人生だった。阿部眞之助は、西尾は「打たれても叩かれても死に切らない蛇のようなシブトさ」（「文藝春秋」一九五三年十二月号）とまで書いている。なんともひどい。しかし西尾は「百《ひゃく》折《せつ》不《ふ》撓《とう》」と色紙に書いて歯を食いしばって頑張った。そんな政治家がいた。

左派や左翼的マスコミから、西尾は極悪非道の政治家のように批判されつづけ、民社党も概して見れば、「あいまい」とか「日和見的」と批判を浴びることが多かった。しかし、いま振り返ってどうか。西尾と民社の行き方は果たして間違っていたのか。本書がこれを見直す転機になれば、幸いだ。

第一章　鬼ヶ島の〝学者〟から丁稚へ

西尾は、一八九一（明治二十四）年に、瀬戸内海の小島の生まれだ。白砂青松といわれる美しい島。源平合戦の屋島に近い。東京から香川県高松に行き、そこから船で二十分である。西尾末廣の大きな銅像があるのは知っていたが、今回（二〇二二年十一月）ようやく辿り着いた。

穏やかで、静かな島だ。いまは女木島《めぎじま》と表示されているが、もともとは〝鬼ヶ島〟と呼ばれた、恐ろしい島。海賊がここを根城にしていたらしい。いまも大きな洞窟があり、島唯一の観光ルートだ。この洞窟は網の目に広がっている。昔ここにコウモリが群生していて、西尾はたいまつをもってコウモリ狩りをして遊んだという。

この島は、小柳ルミ子のミリオンセラー「瀬戸の花嫁」の映画化で舞台となったり、渥美清の「男はつらいよ」シリーズの第一作の舞台になり有名になった。

西尾像は大きな銅像で、森戸辰男（もと文部大臣）が揮毫《きごう》、建造寄付者プレートには多くの人々の名がある。その筆頭に大蔵大臣福田赳夫の名がみえた。福田との関係はおいおい語ろう。昔は、連絡船の館内放送で西尾像に触れられていたというが、いまや違う。観光バスの運転手に聞いてもよく知らず、観光案内所のおじいさんから聞く。海水浴場近くで、波の音が心地よかった。ここから高松がよく見える。西尾も、毎日この景色を見ていたのだろう。

西尾は、末っ子として生まれ両親から可愛がられたようだ。しかし子供仲間では、理屈っぽく、〝学者〟と呼ばれていたという。また〝口熱取り〟と。それは、島では、理屈をこねる、出しゃばる、とでもいう意味だ。

学校に行く前に、牛を山のふもとへ連れて行って放し飼い、放課後、山の上まであがっている牛を連れ戻しに行くという日々だったという。知的好奇心が抜群だったが、当時の家計は、進学を許さず、彼は、諦めて、兄を頼って大阪に出る。十四歳の時だ。一人前の職人になる道である。

なお一九六〇年三月に島に初めて電気が導入される。西尾が尽力した。開通式に西尾も出席している。

西尾末廣旋盤

西尾の徒弟年期は十九歳になって漸《よう》く解けた。

徒弟制度とは、無給で親方の家に住み込み、仕事を覚える制度だ。江戸時代からか、「丁《でっ》稚《ち》、手代、番頭」とランクがある。丁稚は、使い走りで江戸時代は「〇〇松」という名が多かった。その上が手代で「〇〇吉」「〇〇七」の名が多い。その上が番頭。手代より給金が支払われ、番頭より自宅を構え家族を持つことができた。そんな時代だ。

西尾にとって「一日一円稼げる職人」が当時の目標だった。これは現在の価値でいうと約八千円（三菱ＵＦＪ信託銀行資料参照）の日給となる。これが高いか安いか。

一人前の職人になるには、大きな工場で働くよりも、町工場で働く方が手っ取り早い。そこで彼は、滝口鉄工所という工場に入る。

ここで年期奉公として働く。

「相弟子が四人いたが、炊事もこの相弟子交替でやらねばならぬ。まだ一五、六の少年で、食事時がくると、油に汚れた作業服のままで八百屋に行って野菜物を買ってくる。米をといで飯も炊いた。南京虫がいて夜は眠れぬ。仕方ないから工場の屋根裏の棟木に戸板を載せて、その上に寝た。仕事では職人からさんざん叩かれた。職人の仕事している手元にカンテラを向けて明るくするのも私の役。あるとき連日の残業の眠気で、カンテラを落としどやされたり、殴られたり。仕事が終わって寝床にはいると、遠くの方からボーと船の汽笛が聞こえ、郷愁で泣けてくる。寝床の中で度々泣いた」

これは西尾の自伝『大衆と共に』にある。底辺の年期奉公とはこんな生活か。西尾はこの生活を知っているから、何があっても腹が据わっていたのか。「不敵」だったのか。

後年、片山内閣で総理秘書官をつとめた池田禎治は、「片山総理はなにかあるとびくついた。西尾さんとはえらい違いだった」と語っているが、そのもとはここから来たのだろうか。

滝口製作所の亭主は子供がなく、末廣をゆくゆく跡継ぎ養子と考えたらしい。そこに、もうひとり養女候補の娘が来た。この若い二人は、あうんの呼吸か、先にできてしまった。妊娠してしまい、その店からそれぞれ出された。ようやく二人が夫婦になれたのは、西尾十八歳、妻フサノ十六歳である。結婚初夜は、貧しくて布団もなく、着の身着のままで、寝たと

西尾末廣が使用した旋盤（住友金属工業㈱製鋼所）

いう。その後のドラマについては後述する。

西尾は、大阪砲兵工廠《しょう》などをへて、二十四歳のとき、住友鋳鋼所に臨時工として入る。あの大財閥、住友の工場だ。大工場は始めから常庸にはなれない。見習工だ。ここで旋盤工として腕を上げる。住友鋳鋼所はその後、住友金属となり、新日鉄と合併して新日鉄・住金となり、いまは日本製鉄だ。

大阪市此花区にあった鋳鋼所には、記念写真を残している。それは「二十五馬力旋盤」という住友工場最大の大きな旋盤で、旋盤の前に「西尾末廣旋盤」と小さな看板がついている。旋盤は、金属を削って、製品や部品をつくる機械のようだが、写真で見ると七、八メートルから十メートルもありそうな巨大な装置である。これは汽車の車輪を作るものだったようだ。西尾が片山内閣で国務大臣兼官房長官になったとき、住友の仲間たちは、この旋盤に注連縄《しめなわ》を張って喜んだという。また、西尾が選挙運動で工場に回ると、よくこの旋盤を覗いたと。

これは昔話かとおもっていたが、調べると、いまに続く話である。なんと、いまも「日本の鉄道車両の車輪は、すべて同じ工場で作られている」ではないか。日本の「鉄道車輪シェア一〇〇％、それは住友金属工業、交通産機品カンパニー」（杉山淳一、鉄道トリビア四五回）とある。いまの日本製鉄大阪市此花区工場である。西尾が手がけた仕事はいまに続いている。それも日本唯一の仕事である。

職工と工場法

昔の職人にはいろいろな種類があった。金属加工や機械関係では、鋳造工、切削工、プレス工、溶接工、旋盤工、組立工、修理工などである。西尾と同じ、総同盟の仲間では、松岡駒吉（総同盟二代目会長）はじめ、門司亮（のちの民社党代議士）や鍋山貞親（もと共産党幹部）等が旋盤工であった。西尾側近だった井堀繁雄（のちの日本労働会館会長）は組立工である。それが、親方、職人、徒弟の三職階制で組み合わされる。

ここで「職工」とは、どんな存在だったか。当時は「車夫、馬丁、職工」という言葉があったように、決して尊敬される職業とは言えなかった。職工は、宵越しの金を持たず、博打と遊蕩《ゆうとう》で暮らす向きが多かったようだ。後述するように、西尾のように図書館通いする職工などいなかった。当時、労働者を守る法律などない。一九三〇（昭和五）年の国会で、西尾の同僚の片山哲が労働組合法の提案をするのがはじめだった。

ここで「工場法」を読む。

一九一一（明治四十四）年にわが国最初の労働者保護立法として工場法が産まれる。

常時十五人以上の職工を雇う工場、または事業の性質上危険有害のおそれある工場として、十六歳未満の者および女子の一日十二時間以上の就業と、午後十時から午前四時までの深夜業を禁止した。業務上の傷病に対し、事業主の扶助責任を明らかにした。

これが施行されたのは一九一六（大正五）年だ。この法律には例外規定が多く、完全に適用されたのは一九二九（昭和四）年だ。深夜業禁止も施行後十年は十三時間労働を認めていた。そしかも、その監督は農商務省工場課と各府県の工場監督官のため、警察官に頼っていた。その後、工場の所管が内務省社会局に移管したあと、深夜労働禁止年齢を十四歳に引き上げたが、一九四三（昭和十八）年になると逆に工場終業時間制限令が廃止される。いずれにせよ「戦前の労働者保護では、一六歳以上の労働者の労働時間制限を行わなかったことが最も遅れた部分」（伊藤隆監修『事典・昭和戦前期の日本・制度と実態』）と。ひどい時代だった。

後述するが、労働者の保護立法の確立をめざして、農商務省に飛び込んだのが西尾と同世代の若き学徒・河合栄治郎だ。彼は、理想に燃え、そして挫折する。後述する。

ところで、西尾は一人前の旋盤工をめざしたが、この旋盤工というのが、西尾の性格形成につながっているのではないか。西尾の性格は、〝正確〟。きっちり寸法が合わないと駄目。西尾の秘書を長く務めた和田一仁（のちの衆議院議員、民社党副書記長、総務局長）は、西尾に「しばらくお待ち下さい」とか、じゃ「そろそろ」とかと言うと大変。「それは何分？」とやられるという。宿屋に泊まるとき、部屋の額が少しでも曲がっていると「これは少し曲がっているね」と来る。この話は、西尾と同行したことのある大内啓伍（のちの民社党委員長）からも聞いたことがある。

大言壮語のような話は大嫌い。政治評論家の芳賀綏は「不器用な合理主義者」と西尾を評したが、西尾もその評価を喜んでいたらしい。これだけを見ると西尾は、頭の固い、融通のきかない男に見える。しかし、全然違う一面がある。それは追々語ろう。

第二章　労働運動で頭角を現わす

西尾は、労働運動家として次第に頭角をあらわす。西尾は、石井鉄工所、砲兵工廠、住友鋳鋼所などにつとめる。その後も、安治川鉄工所などにつとめる。鈴木文治が率いる友愛会（日本の労働運動の先駆け、のち総同盟となり、現在の連合に続く）に一度入会するが、労働組合は労働者が組織すべきだと考え、一旦退会し、独自に職工組合期成同志会なるものを立ち上げたが、挫折。二十八歳のとき思い直して、友愛会に再入会する。

住友争議

二十五歳のとき、住友鋳鋼所仕上げ工場の職工一斉退職騒ぎの解決で頭角をあらわした。新参者で弱輩の西尾が、職工を代表して会社と交渉するという事態になり、西尾は命懸けで交渉する。

天下の住友は面子がかかっていて譲らない。

工場長は「住友は親であり、諸君は子のようなもの」「職工にストライキを打たれ、威嚇に屈して要求を呑むようなことは、住友の名誉にかけてできない」と。

これに対して白面の臨時工・西尾は一歩も引かない。「このままお任せできません。秘密は絶対に守ります。ですから実際どうなさるつもりか伺いたい。表向きは無条件解決で結構ですが、実際は職工たちの要求を受け容れてやると、私に約束して戴きたい」

これに「それはできない。天下の住友は二枚舌は使えない」と会社。西尾は「二枚舌は頼んでおりません。代表者の私として確証が得たい」と反駁《はんばく》。この交渉を経て、西尾は、職工たちの前で報告する。「交渉内容の内容はここで発表できない。しかし近い将来われわれの希望が相当程度実現する確信を得た。だから明日から仕事に就いてもらいたい。私は私のこの言葉に命を懸ける。万一殺されても文句は言わない」と。これについて職工たちに賛否を問うと「西尾を信用する」というどよめきと拍手が一斉に起きたという。西尾はまだ二十五歳という若さだ。西尾はみずから「一種の腹芸」（以上、『西尾末廣伝』）と語っている。

これは稀有な労使交渉であろう。いまと違い、労働組合は認められない時代のことだ。男と男の体を張った交渉だ。

東大総長だった大河内一男は労働運動史を執筆、編纂《へんさん》している。そのなかで、大河内は、西尾のやり方を非難している。

「松岡に対して西尾は、細かい経理事務で組合を強化するというよりも、争議を買って出て、いわば腹芸で解決しようとする点ではずば抜けたカンと能力を持っていたことは住友鋳鋼所の場合を見てもわかる。彼はどちらかというと清濁併せのむという性格であったが、それでも始終松岡と一緒に行動した。西尾は、『命を懸ける』という、会社側は『君の顔つぶすようなことはしない』という、こうした双方の側の腹芸で多くの争議が妥協しており、また組合の離合集散も結末がつけられているが、西尾はいつも頑固な松岡を助けて、よく危機を切り抜けている。こうした腹芸による問題の処理は、労使間の近代的なバーゲニングとはおよそ縁遠いものであり、いかにも日本的であるが、この点は西尾にしてできた芸当であり、その点で彼もまた松岡同様多くの誤解を受ける立場におかれた」（大河内『暗い谷間の時代の労働運動』）と。

しかし、そんな意見は私には、現場を無視した、いわば暖かいテラスでタバコでもくわえながらもの申している光景を、想像させる。

まともな労働組合も労働法もない時代に、いまのような労使交渉を求めるのは所詮無理である。

この争議で西尾は一躍男を挙げる。しかし、工場長は引責辞職。西尾も、町工場の立ち上げに誘われ住友を去る。

そのころ、世の中は激動する。ロシア革命が起き、翌年は米騒動だ。

西尾は、一九二〇（大正九）年に友愛会の大阪の常任となる。職人生活をすて、プロの労働運動家になる。二十九歳のときである。ここから、命がけの争議に巻き込まれる。

大阪電灯争議

一九二一年には大阪の大阪電灯の争議がある。五月六〜十六日の争議で電気が止まるという騒ぎ。このとき、西尾は、樋口伊之助親分宅で、有名な一騎打ちとなる。会社側に付いた右翼の親分衆は、西尾を呼びつけた。西尾はなんと単身で、親分宅に行く。そこは関西一の親分を始め、羽織袴の親分衆が、ずらりと並ぶ。その真ん中に西尾は連れ出される。西尾は物怖じせず、「私は幡随院《ばんずいいん》長兵衛の心境で来た。皆さんも侠客の親分衆だろう。強きを挫き、弱きを助けるだろう。是非ご理解戴きたい」と頑張る。このクソ度胸には参る。常識では考えられない世界だ。西尾のこの度胸はどう考えたらいいのだろう。

ちなみに幡随院長兵衛は、ご存じ講談の話。江戸時代の侠客で、町奴の親分。自分を殺すための罠と知りながらも、単身、旗本奴の酒宴に招かれたという伝説の人。

戦後、盟友となった森戸辰男（のちの文部大臣など）は、「西尾君の政治家としての強い魅力は、私をひきつけた彼の思想よりも、むしろ不敵ともいえる彼の性格であるようだ」（西尾『西尾末廣の政治覚書』の序文、以下『覚書』と略）と。

この年は各地で激しい争議が起きた。藤永田造船所争議でスト指導をし、治安警察法十七条違反で四十五日間、未決犯として収監される。

さらに有名な神戸の川崎・三菱大争議が起きる。日本の労働争議史上、最大の争議であったろう。川崎・三菱の造船所、神戸製鋼所らの労働組合が、「八時間労働制」を始め、「増給」「解雇および退職手当制度」などを要求して立ち上がった。会社側が拒否したため、三菱、川崎の労働者が合流して一大デモ行進。これに京阪神一帯の応援団が加わり実に三万五千人、行進の長さ約九キロに及ぶ。争議は行き詰まり、一時、労働者による工場管理に発展。これに会社側は驚き、警察部長は「名は管理であっても、工場の強奪」と言う。

そこで兵庫県知事が動き、知事の要請で、陸軍の姫路師団、舞鶴の海軍水兵、東京の憲兵隊などを投入。軍艦以外は皆投入されたといわれた。泥沼の市街戦となり、ついに争議団幹部は一網打尽に検挙される。西尾は、藤永田造船所争議で逮捕されていたので、間に合わず、駆けつけてみるとこの有様だった。西尾は「これは会社に敗北したと言うより、国家権力に屈服させられたのだ」（『伝記』）と語る。天下の三菱が沽券《こけん》にかけて権力にすがったのだ。この争議を指導した中心人物は賀川豊彦だ。賀川は、この全面敗北の責任をとって労働運動から身を引く。これ以来、労働界では賀川についての評価が落ちる。しかし西尾は、これを庇《かば》う。賀川は「政治家以上の人」で、「賀川さんは一貫して牧師であった。牧師の一つの片手間といっては悪いが、労働運動に手を貸してくれたんだ」（西尾『西尾末廣想い出の人』）と。関西の労働運動が、サンジカリズム（労働組合至上主義）に流れようとしていた時期に、賀川と西尾がその流れを覆し、議会主義による社会主義や労働運動の旗をまもった同志なのである。

〝冬の時代〟に相互互助団体として、静かに発足した「友愛会」も、労働運動団体として本格化するなかで、共産系やサンジカリズム系が跋扈《ばっこ》する。「直接行動か議会主義か」で友愛会・総同盟は揺れる。一九二〇（大正八）年の大会でも揉める。議会主義派としてこれに立ち向ったのが、賀川であり、西尾だった。議会を否認すべしという意見に西尾は「議会主義を否認するものが、この問題を論議するのはたしかに矛盾だ。しかし我々は議会主義そのものを否認するものでないからこそ、この問題を討議しているのだ。議会主義を否認するものは、この議案に反対すればよいのだ」と反駁。

西尾末廣・労働総同盟時代

これを受けて賀川は「議会政治はなお幾多の欠陥をもつが、今日としては最良のものだ。しかも、まだ普選は行われておらず、国民は議会を経験していないのに、議会を否認するとははなはだ軽率ではないか」と発言している（『日本労働組合物語（大正）』）。

ただし、賀川は、神戸大争議敗北の責任をとり、労働運動の第一線から身を引く。

賀川はこのあと、生活協同組合運動や農協運動に力をいれ、特に灘生協を作り上げるなど日本の生協の父となる。

このころから「東の松岡、西の西尾」と呼ばれた。

ここで、少し脱線。

東京三田に日本労働会館がある。かつての友愛会、総同盟の発祥の地である。ここが改築されたとき、エントランスに三人の胸像ができる。鈴木文治、松岡駒吉、金正米吉の三人である。私は、これができたときから不満だった。なぜ西尾が入らないのか。

後から聞くと、やはり西尾を入れるかどうか論議があったとのこと。そうだろう。総同盟の転機となった第一次分裂。そのとき共産党系を除名にするという蛮勇を奮ったのは、当時、会長代理だった西尾である。総同盟の主事、副会長も長い。結局、西尾は政治家でもあるので、二刀流は排除されたのか。総同盟会長経験者の三人から外れた。

第三章　知に飢える

西尾は稀代の読書家である。「毎日、三時間は読書をしていた」（江上照彦『西尾末廣伝』、以下「伝記」と略）とある。これは半端でない。少なくとも民社党委員長の八年間はそんな時間があったとは考えにくい。そこで旧知の孫の安裕に聞く。彼は十一歳のときから末廣と同居していたというから詳しい。そうしたら、大阪時代に中之島の図書館に通っていたという。末廣の書いた『大衆と共に』にもあった。

住友鋳鋼所は二十四時間交代制で、勤めを終え、帰宅して一眠りをしたあと、午後から図書館に通っていた、とある。当時、労働者で図書館に通っていた者はないという。そうだろう。酒でも飲んで、ひっくり返っているのが普通。

獄中で学ぶ

藤永田争議で入獄した時も、差し入れに本を要求し、四冊読んだ。ダーウィンの進化論である『種の起源』などだ。「獄中で難解の箇所にはライオン歯磨の袋を小さく切ってアンダーラインの代わりにハリツケ、幾度も繰り返して読んだ」（『大衆』）という。

まともに進学できなかった西尾にとって、科学や、哲学などの本を読みこなすのは簡単でなかったはずである。

ちなみにこの際、ダーウィンの『種の起源』を読んでみようとしたが、面倒なので解説本で済ませた。『図説・種の起源・新版』である。そうすると、これはもはや過去の理論。遺伝子が解明されて、進化論の時代は終わったようだ。ただし、かつては大発見で、「適者生存」で社会的進化論が流行した。社会は「進化」し、人間社会も同様に「進化」するという理論は大きな影響を与えた。

社会思想家の関嘉彦は、これをこう解釈する。「『種の起源』を読み、後にその『生物進化論』を読んで、生物のみならず、社会も革命でなく漸進的に進化するということを学んだからであります。何れにしてもそのような立場で左翼と戦ったので、彼はダラ幹と罵られるようになりました」（関「西尾末廣・戦いの生涯―河合栄治郎と比べて―」Kakushin 一九九二年一月号）とみる。

西尾は「監獄は労働者の大学だ」といったように、初めてゆっくり勉学ができた場所だった。彼は、戦後、また投獄されて、読書の日々を迎える。それはあの昭電事件に絡んで不当に投獄されたのだ。この「不当さ」については、後述する。彼は「小菅の独房で来る日も来る日も読書と思索に明け暮れた」（『覚書』）と。

この無念が晴らされるまで約十年間を棒に振る。

西尾の知識欲はこんなものだけではない。組織的に、労働者に勉学の場を作れと、運動をし、実現させている。

教育の場は誰にでも開かれていなければならない、差別をするな、とばかりだ。まずきっかけは、大阪で大原社会問題研究所ができる。岡山倉敷の豪商大原孫三郎が作った。所長には東大教授を辞任した高野岩三郎を連れてきた。その後、高野の弟子である森戸辰男が無政府主義者クロポトキンの研究論文を発表して東大を追われ、大原に来る。

大阪労働学校

大原社研は、賀川豊彦の協力などを得て、大阪労働学校の創設にこぎつける。賀川はなにせ大正時代最大のベストセラー『死線を越えて』の著者だ。当時のお金で五千円注ぎ込まれた。いまでいうと一千万円近いか（日本円消費者物価計算機を参考）。賀川の印税はいろんなところにばらまかれる。日本農民組合も、この印税がもとだ。労働学校は仕事を終えた後の教育だ。西尾は勿論、西尾のあと第二代の民社党委員長の西村栄一も、これにかぶりついた。

西尾は「私は飛びつくようにこれを傾聴した」「山伏が山に籠もって修行するように、私たちはここで労働問題の研究に心魂を打ち込むほどの気持ちだった」（西尾『大衆と共に』、以下「大衆」と略）と書いている。また「私は大原の一期生だ」と胸を張る。西尾は熱心な弟子だったらしく、高野のもとで、賃金調査の助手までやっている（『高野岩三郎伝』）。

ちなみに、大阪労働学校は、十六年間続き、延べ千二百人以上の人材を送り出す。卒業生には、西尾をはじめ、西村栄一、大矢省三、松沢兼人、井上良二（いずれも、のちの衆議院議員）らの労働運動指導者を産む（小池聖一『森戸辰男』）。西尾、西村と民社党の党首は二代にわたって、この学校が産んだとも言える。この学校の育ての親は、母が賀川で父は森戸か。

その教育は、いまからみるとマルクス主義の影響が大きかったようだ。講師陣を見ると明らかだ。高野岩三郎、森戸辰男を始め、大阪毎日新聞記者の村島帰之や、同志社講師の阪本勝（のちの兵庫県知事）や河野密（のちの社会党副委員長）などだ。

西尾は、高野読書会などで、マルクス主義をしっかり吹き込まれている。またこの時期は、ロシア革命、米騒動と大事件が相次ぐ時代でもあった。

西尾は、高野の読書会でブレンターノの『労働者問題』を読んだことに大きな影響を受けたという。

「開いた一ページの冒頭に、労働者問題の究極の目的は人間の完成であるということが書かれてあったことであります。労働者である私どもの考えといたしましては、労働者問題とは、労働者のための、労働者の要求を実現するための、主としてストライキに訴えるものが労働組合と単純に考えていたのに対しまして『労働者問題の究極の目的は人間の完成である』こういうことが書かれていたことが非常に印象深く残っております」（大原社研雑誌一一六号、一九六六年一月号）と述懐している。

この本の実物を手に取り感動した。法政大学大原社会問題研究所図書室で、である。百年以上も前の本。岩波書店のハードカバーでしっかりしている。しかし背表紙は土色に焼けていた。訳者の森戸辰男は序文で、これは社会改良主義者の本だと、少し及び腰。本文は冒頭から、労働者問題の研究者は、人類は人類発展の目標を持たねばならないとして、それは何か。それは「満人最高の完成」だ、という。西尾はこの一言に痺《しび》れた。ストで奪い取るとかのレベルではないのだ。

西尾伝とともに河合栄治郎伝を書いたのは、河合の弟子の江上照彦である。江上は二人の共通項を見出す。それは、人格の完成を目指す人格主義的社会主義である。

それらの影響を受け、後日生れた民社党も党綱領の冒頭でも「われわれは、個人の尊厳を重視するものである。国家権力でなく階級的利益でなく、いわんや物質的富でもなく、まさに、個人人格の自由な発展こそ、最高の価値基準である」とある。異口同音といっていいだろう。

ブレンターノとはいかなる人物か。オーストリアの哲学者である。

それも調べれば、高野のミュンヘン大学での師匠だ。イギリス自由主義の影響も受けていたようである。高野は「学者としてはブレンターノが一番偉い」（大島清『高野岩三郎伝』）と言っていたという。

『威風堂々の指導者たちで』（以下「威風」と略）で西尾を書いた芳賀綏は、その結びで、このブレンターノの思想は、江上の師である河合栄治郎の「人格の完成」をめざす人格主義と同じものだと書いている。上述した通りである。

西尾の「左傾化」時代については、後述する。

ここで少し脱線。河合栄治郎についてだ。彼は東大を出て農商務省（いまでいえば、経産省、農林省などにまたがる）に入る。その契機は、農商務省が出した白書、『職工事情』だ。女工をはじめ当時の悲惨な労働事情を克明に調べたドキュメント。当時の資本家は労働者を家畜以下に扱い虐待していた。彼女らの辿る道は、「結核工女」、か「病気帰休」か、わずかな「逃亡」しかなかったという。この本は戦時中は発禁処分だったが、戦後、岩波文庫から三冊出版されている。私もたまたま読んだが、涙なしでは読めなかった。

河合もこの本で人生を決めたのだ。河合は、なんとか労働者の権利を守るため、工場法の整備に努めるが、当時の資本家、官僚の壁に阻まれる。特に、夜業禁止や罷業《ひぎょう》権（スト権）を巡り課長や警保局課長と連日激論。ついに河合は辞職。「官を辞するに際して」「農商務大臣に捧ぐ」という告発記事を朝日新聞になんと十四回にわたって連載した。書かせる方も書かせるものだ。彼は大学に戻り、学者の道から攻めた。熱き学者になる。

西尾は、何もできなくなった戦時中も、読書に明け暮れたようだ。東京芝にあった協調会の図書館を愛用していた。大河内一男教授（のちの東大総長）は、暖房のない寒い図書室で襟をたてて、読書をしている西尾を目撃した。大河内は当時、協調会付属の労働学院で責任者である。

「冬の寒い頃、もちろん暖房もなくがらんとして図書室のなかで、冬外套を着込んだままで読書に余念のない彼の姿は、まことに印象的だった」（大河内『暗い谷間の労働運動』岩波新書）と。

戦後の愛読書は、がらりと変わり、外国の推理小説だった。コナン・ドリルのシャーロック・ホームズやアドガー・アランポー、エラリー・クイーンだったようである。物事を判断するときも、しっかり情報を仕入れ、分析して、結論を出す、というのは西尾スタイルである。

第四章　疾風怒濤の時代

一九一〇（明治四十三）年に、幸徳秋水らが天皇を狙撃しようと計画したといういわゆる大逆事件で、幸徳ら十二人が処刑されるという大事件が起きた。労働運動、社会主義運動は〝冬の時代〟に入る。社会主義や労働運動は完全に凍結。「昆虫社会」という本すら「社会」という名が付くので発禁という有様である。一九一二（大正元）年になって、細々と動き出したのは鈴木文治率いる友愛会である。労働者の修養、親睦、共済を目指す団体である。

しかし大正時代は、激動の時代である。一九一四（大正三）年には、労働運動の指導者の一人、片山潜は日本に絶望し米国に去り、再び帰ることはなかった。のちにコミンテルン（国際共産党）の執行委員のひとりとして、モスクワに住む。一九一七（大正六）年から労働争議が激化する。この年に大事件が起こる。ロシア革命である。

ロシア革命の衝撃

労働者の天国か、夢のような八時間労働制の実現だ。西尾も衝撃を受けた。「非常な衝撃と興奮」を受け、「労農ロシアは夢のかなたにある憧れの国だった」（『大衆』）と。

翌一九一八（大正七）年には日本がロシア革命拡大阻止のためシベリアに出兵。これで米価があがり、米騒動になる。

一九一九（大正八）年には友愛会も「大日本労働総同盟友愛会」と改称し、労働運動団体として再出発をする。この年は社会主義運動も本格的に復活する。一九二〇（大正九）年は、第一次世界大戦後の世界大恐慌となり、労働者の大量首切りなどが横行し、労働争議は過激化した。この時期、アナ・ボルの対立がある。アナーキズムかボルシェビズムか。無政府主義か共産主義かである。具体的には、普通選挙運動への参加か拒否かである。総同盟は揺すぶられたが、結局、選挙参加に踏み切る。

この激動の時期、西尾も揺れる。左翼の運動に足を踏み込む。ＬＬ会（リバティとレイバー）という勉強会への参加である。これは荒畑寒村（もと共産党の著名な共産主義者）らのグループで、いわゆるアクティブ（活動家）だった。西尾自身、当時を振り返って、「時に革命的方向に魅力を感じることもあった」（『大衆』）と。

この時期の西尾の激しい論調を三つあげる。まず前述した大阪電灯争議の後に書いたもの。「私ども労働者階級の究極の目的は資本家という搾取階級をこの地上より抹殺なし。すべての人間が働き、すべての人間が相搾取することなき相互扶助の社会を現出する事にある。そのために一致団結して資本家階級に挑戦するのである。故に私どもの戦は一つ一つの労働争議について要求の貫徹と否とに依って勝敗を論ずべきではない。要は如何ほど、資本主義の根幹に大斧鉞《ふえつ》（注、人を切る道具）を与えたかによって勝敗が決定されるのである」「階級闘争論者よ、ふんどしを締め直せ」（『労働者新聞』一九二一（大正十）年六月一日号）

「地上より抹殺なし」をどう読むか。「抹殺せよ」ということか。

次は前述した、大阪労働学校のための労働会館建設についての呼びかけである。これは関西労働同盟臨時大会で西尾が発議したものである。

「吾々はブルジョア教育にだまされていた。目覚めたわれらは現在の社会組織を明確に認識するため吾ら自らの手によって心理《ママ》の教育をせねばならぬ。現在の悪社会組織を覆すため、労働者に社会の本質を認識さす必要に迫られている」（『労働者新聞』一九二一〈大正十〉年、十月一日号）。高野伝を読むと「大阪労働学校も悩みの種は、自分の校舎をもたぬことにあった」という。西尾も校舎建設の先頭に立って、頑張ったのだ。

もう一つ、凄いのがある。西尾が書いた「労働組合のＡＢＣ」というパンフレット。一九二四（大正十三）年に関西の総同盟から出したものである。

「労働組合とは労働条件の維持、改善並びに、社会改造を、労働者の階級的団結の力によってなしとげんとする戦闘団体である。……しかして、ついには産業上の専制君主たる資本家階級を打ち倒して、自由と平等と相愛とを基調とせる、労働者のみの新社会を建設するに至るのである。これ労働組合運動の究極の目的である」

怒りに燃えた宣伝パンフレットだろう。

それにしても過激である。共産主義そのものと言っていい。そこで友愛会の同僚の赤松克麿（共産主義からアジア主義までの政治運動家）に共産党への入党を勧められる。また共産系の国際赤色労働組合書記長ロゾブスキーに誘われ、訪欧したとき、ソ連に足を伸ばしている。

しかし、ソ連の現状に疑問をもち、逆に英国の労働運動に親近感を持つ。「ロシアの大自然が共産主義思想を育てた母胎と感じた」（『大衆』）というが、これはロシア政治論の権威である木村汎元北大教授の説と符合するから不思議である。

木村はいう。「（ロシアでは）「体制」とか「社会形態」とかは、ほんの二次的な理由でしかない。むしろロシアの地理、歴史、とくに気象こそが根本的な規則を作り出す」（木村『プーチンとロシア人』）と分析する。

こうして、西尾は共産主義、ソ連と離れる。西尾はなぜ離れたか。西尾はその契機は大阪の指導者・賀川豊彦の影響だと語っている。「私がマルクス・レーニン主義のほうに行かずに民主社会主義のほうに来たというのは、やはり賀川さんの影響ですよ」。

普通選挙制度の賛否で、左派はこれに反対。このとき「賀川さんは、議会主義でなきゃ駄目だという。それで、賀川さんの影響をうけて、普選要求運動をやった」（後藤清一『ど根性こそ我が人生』）。

賀川は牧師で、無神論、無政府主義、共産主義に反対。彼の影響はあったろう。しかし西尾自身、経験主義、合理主義の塊だから、共産主義者にはなり得なかったろう。

彼をここまで追い込んだのは、もちろん、ロシア革命の勃発など時代の影響がある。それとともに、大阪労働学校の影響があったはずである。高野岩三郎を先頭に森戸辰男など講師陣はずらりとマルクス主義者である。とくに西尾は熱心な高野ゼミ生だったともいわれる。

「特に高野の影響が強く、思想的には先鋭化していた」（阿部眞之助『戦後政治家論』）。
大阪の昔を知る人は、西尾は「過激だった」という。

ちなみに、私の父もそうだ。ほとんど同時代に故郷をでて大阪で働きながらの苦学生だった。西尾の演説も数回聞いたようだ。しかし激しいので、大阪友愛会を避け、より穏健な「日本労働組合総連合」（堂前孫三郎、坂本孝三郎ら）に加盟していたという。第一回の普選では、最初に都道府県議員選挙だったので、西尾らの社民系でなく日労系の阪本勝の兵庫県会選挙の応援をしている。

森戸辰男は、その『思想の遍歴』という自著を読むと、マルクス主義から脱皮した二つの理由を挙げている。

一つは、ドイツのワイマール共和国の現状、マルクス主義の経済政策の欠如をみて、あまりの観念性にあきれる。与党社民党はマルクス主義にどっぷり浸かり、資本主義社会が崩壊するのは必然と考え、ドイツ経済が大混乱に陥っても、有効な対策を打たなかった。

もう一つは、大阪に在住して、観念的な東京とは違う、実践主義に刺激を受けたことだという。「空理空論といいますか、現実を離れた理想主義的な傾向は、大阪時代の私からはかなり払拭されました」という。

それに森戸は、ロシアの革命家クロポトキンの研究で東大を追われたが、しかし森戸自身は、理想社会実現の過程については「平和のうちに進行する有機的発展が望ましい」（『高野岩三郎伝』）と述べていた。無政府主義や革命主義ではなかった。

この森戸と西尾はコンビを組んで、戦後活躍する。共産党からの統一戦線呼びかけに対して「救国民主戦線」を唱えて、これを阻止。片山、芦田内閣では文部大臣として支える。下野後も社会党でいわゆる森戸・稲村論争で、右派を代表し左派に対抗した。民社党結党時は、蝋山政道とともに委員長候補として推された。

高野、河合、西尾

ここで少し脱線する。西尾と森戸の関係は上述の通りだが、高野と西尾、そして高野と河合栄治郎との関係が興味深い。河合は、東大教授で『学生に与ふ』などを書き、戦中、戦後の若者に大きな影響を与えた。共産主義とファシズムという左右の全体主義と正面から闘い、特に、二・二六事件など軍部の独裁を厳しく批判して大学を追われ、著書は発禁となり、裁判で抵抗した。蝋山は、彼の盟友で、河合処分に反対して大学を去った。西尾は河合と面識があったかどうか不明だ。ただ、河合の主著『社会政策原理』を愛読していたという話（芳賀綏『威風堂々の指導者たち』）もある。

河合と高野は関係がある。戦前、ＩＬＯ（国際労働機関）の会議に日本として初参加の折、労働代表を誰にするか揉めた。労働組合はまだ非公認の時代だ。友愛会系は鈴木文治を出すべしと訴えたが、そうはならず、政府側は東大教授の高野岩三郎を擁立しようとなった。この急先鋒であり、交渉係となったのが農商務省の若手官僚だった河合である。江上照彦の河合栄治郎伝では「栄治郎は車を飛ばして高野宅に到って、出馬を要請した。高野は森戸辰男助教授を顧問として帯同したい希望を付して就任を受諾した」とある。

河合がようやく口説き落としたものの、労働側の反対は激しく、この話は途中で挫折した。その結果、高野は東大にいられなくなり、退官となる。そこで、大原社研、大阪労働学校と移り、西尾を指導するという巡り合わせになる。河合も、このあと、官界に失望し、東大に戻る。人の世の、人間関係とは読み解けない糸で絡んでいるようだ。

この時期、もっと危うい事件があった。もう少しで、西尾は、札付きの過激派として葬り去られていたであろう。

それは前述した一九二一（大正十）年のあの大阪電灯争議である。親分衆を説得し、流血を避けたのはお手柄だったが、争議は膠着《こうちゃく》し、西尾も焦る。約九百名の大量解雇を強行した会社は安治川発電所を閉鎖。会社側は従業員代表とは交渉するが、西尾らの友愛会を無視。そこで西尾は非常手段に訴える。もうひとつの発電所である春日発電所の爆破だ。こっそり小舟にのり、爆破する計画であった。しかし、小舟がびびって来なかったので、不発に終わった。

もし、これが実行されれば大変な事態となり、西尾も社会的に抹殺され、日本の労働運動はどうなっていたやら。それくらい、当時の労使関係は厳しく、理論でも、行動でも、西尾は揺れ動いた。

　ここで当時の西尾の交友関係についてみる。それも共産党の野坂参三との関係が興味深い。野坂の自伝『風雪の歩み』（四、五巻）を読むと面白い。野坂は慶応大学に通いながら、近くの友愛会に潜り込む。松岡駒吉などは、野坂が英国共産党に入ったあとも、これをかばい友愛会に置いた。「実に十年余を総同盟とともに苦楽を分かち合って生きてきた」、それは「叩き出されるまでは、あくまで総同盟にかじりつくのが革命家としての任務」だという。だから西尾とも親しくなる。

「西尾と私とは、彼が上京してくると、ときどき、わたしの家に泊まるというように、個人的にも親密な間柄となった」「その彼とも、二年後には、総同盟のなかで左右に分かれて対立することになる」と書いている。友愛会があまいというか、まだ思想的に混濁《こんだく》し、西尾もその中にいた、ということか。考えられない時代があったのだ。

第五章

「東の松岡、西の西尾」

大正時代、西尾は前述のように、激しい労働争議やロシア革命勃発の影響をもろに受け、揺さぶられた。しかし、ロシア見聞や、理論的訓練を経て、西尾は蘇る。日本共産党史で一番目の敵とされるように、いわば「反共の闘士」となる。

この時代、労働界では「東の松岡、西の西尾」と言われるように西尾の名は高かった。もう一人の松岡は、その後、鈴木文治の後を継いで総同盟の会長になり、組織を拡大した。戦後は衆議院議長まで務めた大立て者である。彼についても一瞥しておく。少し長いが引用する。

「松岡駒吉という人は、几帳面をもって定評がある。そのころ連合会事務所は此花区西野田にあって、代議員会はここで開かれた。人が揃うと、松岡主務は正面の机のまえ、熊の毛皮の敷物に正座し、氏名点呼をやり、それからかならず会計報告をした。まず収支決算を報告したのち、彼は雑費内訳の説明からはいるのだった。…といった具合で、出席者はまったく閉口したという」(『日本労働組合物語・大正』)

彼はクリスチャンでもあり、清廉潔白の組織作りをした。こういう人が手堅い組織をつくるのだ。

総同盟第一次分裂

しかし共産主義者にとって総同盟は絶好のカモ。そこで衝突が起きる。それを象徴する事件が、大正末年、一九二五年の総同盟の大分裂である。

共産主義者が、総同盟に流れ込む。「大正一三（一九二四）年ごろから日本共産党は総同盟の乗っ取りを策して暴れた。関東同盟には渡辺政之輔、春日庄次郎氏ら、関西では鍋山貞親、辻井民之助らが呼応して総同盟幹部に攻撃を加え、ついに一四年には、総同盟は左派二三組合を切る第一次分裂を起こしたのである」（西尾『私の履歴書』）と西尾も書いている。当時の共産党の最高幹部による工作だ。

野坂参三も、慶応大学学生時代から友愛会事務局に入り、その後も、東大出の共産主義者である赤松克麿、麻生久、棚橋小虎などが流れ込む。彼らの狙いは明白である。労働組合を乗っ取り、革命運動の砦とすることである。組合員の生活防衛を目標とする労働組合主義と違う。戦後、一九六〇年に三井三池争議があった。あのとき、左派を指導した向坂逸郎九大教授は、「会社は潰れても、山は残る」と徹底抗戦を呼びかけた。あれと同じである。

この考えの原点はレーニンにある。レーニンは「労働組合は〝共産主義の学校〟だ」（『左翼小児病』）と叫んで、組合の中に共産主義を植え付けようとした。革命の戦闘部隊として労働組合を押さえることである。日本共産党など世界中に共産党を作った国際共産党（コミンテルン）は、一九二七年に日本に対する指令（テーゼ）を出している。

そこでは、労働組合は「伝導ベルト」だとある。伝導ベルトとは、一つのベルトが動き出すと、他のベルトも、次々と動き出すという仕組みである。労働組合を押さえれば、革命運動は次々と動きだす。二七年テーゼでは「（労働組合などは）一方において共産党が補給勢力をくみ取る貯水池であり、他方においては前衛と全階級、全労働者大衆とを結びつける伝導帯である」、さらに「統一戦線戦術によって、労働組合および大衆政党を内部から占領する」とある。

この指令を受けて、共産党系の運動家は労組に次々と入り込み、主導権を取って、組合を過激化させ、労使交渉を潰した。これは、関東を中心に広がった。会社や政府の無理解がこれを促進した。友愛会も「総同盟」という闘争的労働団体に転換。賀川豊彦や、松岡、西尾も「ダラ幹」として攻撃される。

これに業を煮やした西尾は遂に豪腕を奮う。それが総同盟の第一次分裂といわれるものである。一九二五年四月に、総同盟会長代理（鈴木会長は訪欧中）だった西尾は、関東地方評議会加盟の五組合を除名した。引き続いて五月の総同盟中央委員会で評議会系二十三組合を除名した。残留したのは五十組合だから、組織の三分の一を切る大手術である。

これは西尾だからこそできた処分だったろう。以来、西尾は、共産系から一番恨みを買う指導者になった。

ちなみに除名された共産党系は、日本労働組合評議会（評議会）という別団体を作らざるを得なくなる。それはちょうど、いまの「連合」ができるとき、これに入れない共産系労組は「全労連」という別団体を作らざるを得なかった事情と似ているだろう。この評議会の綱領が興味深い。綱領の第四条で「民主的集中主義」を原則とすると明記していた。ちゃんと共産党の組織原則を盛り込んでいたからである。

大阪と東京、インテリと労働者

いまから、この頃の労働運動をみるといくつか特徴的な違いがあることが判る。

第一は、東京と大阪の関係である。

大阪は、最近でいえば、「維新の会」が大阪都構想を掲げて住民投票までやった。この背景には、大阪の地盤沈下がある。西尾が活躍した時代は、もっと大阪、阪神地域は華やいでいた。一九三〇年の工業生産指数を見ると、大阪が全国一位の九百九十六、東京八百十八、兵庫六百二十九、愛知四百四十八、神奈川二百九十五、福岡二百二十九だ。大阪と兵庫を合わせた「阪神」は、なんと東京の二倍である。西尾の活動基盤である阪神は経済、産業、労働運動で日本の中心だったのだ。

だから西尾は「労働組合の本部は経済都市たる大阪に置くべきだ」とすら主張していた。西尾は「大阪は、ぜい六というか、ど根性、浮いたことなどなく実利的に地についたことをやる。東京へ行くと、労働運動の間でも、とかく議論が多い。それも抽象論や観念論が多い」

（後藤清一『ど根性こそ我が人生』）と語る。

あの森戸辰男も、大阪に来たことが、マルクス主義から転向する大きな転機だったという。現実主義の影響である。

第二は、「インテリ」と労働者の関係である。いま大学卒は同世代の約半数である。西尾の時代はまるで違う。とくに鈴木文治ら東京帝大出はインテリの中のインテリ。「明治から大正の初期において、東京帝国大学出身の法学士が『車夫、馬丁、職工の類い』として蔑視されていた労働者の救済に身を投じるということは、常識をこえた業であった」（『日本労働運動の先駆者たち』）。東大法科卒業者はそのまま弁護士資格を得られた。

そのインテリが東大新人会、早稲田の建設者同盟を作り、社会主義に「目覚めて」、労働運動や農民運動に流れ込んできた。彼らは運動に大きなインパクトを与えたが、反面、観念的で地道な運動はかき回されるという弊害もあった。

これに比べ労働者、職工は違う。早大出で日労系だった三宅正一（のちの社会党副委員長、衆議院副議長）は「われわれは親から金をもらって運動しとったんだが、西尾君や佐々木更三君は実際に労働しながらやっととったんだから、えらい」（『威風』）と言っていたという。

第三は、「労働運動」と「政治運動」の垣根が低かった。西尾を見ても、労働運動から政治運動に飛び込み、選挙で負けたり、労働運動が乱れると、労働運動の立て直しに尽力する。西尾以外も、鈴木文治、松岡駒吉、河野密（のちの社会党副委員長）など、二刀流というか二股である。戦後、西尾が官房長官となり、松岡が衆議院議長を務めるなどである。

第四は、結社禁止とテロルの横行である。日本の労働運動は、弾圧に次ぐ弾圧の歴史といえる。まして、社会主義政党の結成は次々と潰された歴史である。自由に労働運動や政治活動ができるようになったのは戦後である。たとえば、西尾は、戦前どうしたとか、軍国主義と戦わなかった、という批判が共産党などからある。しかし、合法のなかでギリギリの運動をしていた。このことは次章で触れる。

慶応大学名誉教授で日本政治史専攻の中村勝範は「戦前の大衆運動は治安維持法により、完全に圧殺されていたかのごとく言うものがあり、そう考えている者がいるが、これも正しくない。治安維持法が主として対象にしたものは共産党と共産主義者である。したがって共産党は合法化されなかった。……非共産主義的な社会主義政党や労働組合は、同じ治安維持法下にありながら、その勢力を拡大している」（中村「無産政党論」『大系民主社会主義』第二巻政治）という。

しかし、言論、結社の自由は大きく制限されていた。一九〇一年の「社会民主党」は翌日禁止、後述する一九四〇年の「勤労国民党」は即日禁止である。

またテロルも横行していた。保守陣営でも、政友会の総裁八人中、四人が暗殺。無産政党では一九二九年に山本宣治が暗殺。社民系でも一九三八年の社大党党首の安部磯雄が襲撃されている。

いまの時代感覚で見ると間違う。

第六章　議会進出

一九二八（昭和三）年の普通選挙実施は、日本の政治を大きく転換する契機となった。高額所得者でなくても二十五歳以上の男子は選挙権を持てるようになったのである。それまでは直接国税三円以上を納めた二十五歳以上の男子に制限されていた。

労働運動、農民運動、社会主義研究団体などが、これにむけて政党結成に走る。最初は統一的政党を目指したが、うまくいかず、結局、社会民衆党（社民系）、日本労農党（日労系）、労働者農民党（労農系）、日本農民党（日農系）に別れる。共産系は非合法だったので、合法政党「労農党」に忍び込む。これらの政党は、有産政党に対抗する「無産政党」と呼ばれた。共産党を除く合法的な社会主義政党の総称である。

社会民衆党の立ち上げ

西尾らの労働総同盟は、無産政党の一本化をあきらめ「社会民衆党」（略称、社民党）を立ち上げ、総選挙に臨む。

しかし、労働者階級の政党ではなく幅広い「国民政党」を目指した。党の綱領は三箇条だ。意訳すれば、

①勤労階級の政治経済制度を建設し、健全なる国民生活の自立を目指す

②資本主義を合法的手段で改革する

③特権階級を代表する政党や急進主義政党を排す

現代風に言えば、福祉国家の建設、議会主義、革命反対になるか。これがのちの三反主義、すなわち反資本主義、反共産主義、反ファシズムにつながる。この社民党は、のちの民社党の源流となる政党である。

一九二八（昭和三）年の第一回普選で、いわゆる無産政党は八議席を確保した。その一人が三十七歳の西尾である。以来、十五回の当選を得ている。ちなみに史上、最多当選者は二十五回の尾崎行雄だが、無産政党というか野党系では西尾は最高水準だろう。衆議院議員の平均当選回数は、四・六回といわれるから、西尾は大阪の選挙民から圧倒的な支持を得たと言える。

第一回普選で当選した西尾末廣（1928 年）

ちなみに、この第一回選挙には、共産党の徳田球一らも労農党で出馬し落選。面白いのは社民党から文藝春秋の社長で編集長の菊池寛が出馬。新渡戸稲造、正宗白鳥、武者小路実篤ら多くの知名人も応援弁士になったが落選。その上、敗戦で経営難に陥る。そこで菊池は「能力ある者は社を辞めよ。どこにも行けないものに限り社に置く」と張り紙を出したというから、愉快だ（半藤一利『B面昭和史』）。

この最初の国会で、無産政党側から西尾が代表質問をすることになった。他が尻込みしたので、西尾がその役を担う。四月二十七日だ。

当時の田中義一内閣に対して、「諸君らが豊かな生活を送れるのは、政府は国民の九割五分をしめる一般民衆が朝な夕なに働いていることを考えねばならぬ」として、政府の労働政策の欠如を追及。具体的には、前年に起きた長野県岡谷の山一林組製糸工場や千葉の野田醤油の争議を指摘。その上で、山東出兵を追及。山東出兵とは、日本軍が邦人保護の名目で中国に出兵した事件だ。

西尾は「元来山東はわが国の土地ではない、シナの土地ではないか」と厳しく追及した。無産政党ならではの追及だった。山一製糸争議は「女工哀史」そのもの。平均年齢十七歳の女工千三百名がストライキ。実働十四時間が三十分追加されるのに抗議だ。野田争議は、二百十九日にわたる戦前最長の争議。三千五百人が解雇される。

ここで問題が起きる。翌年の国会開院式に西尾ら数名が欠席し、不敬罪を問われたことである。右翼団体が、不敬罪で無産政党の西尾、浅原健三、水谷長三郎の三名を告訴した。検事局に喚問《かんもん》され、それぞれ取り調べを受けた。皇室をどう考えるかという質問に、西尾は「天皇こそ国民精神統一の中心であり、それゆえ崇拝すべきだ」と答えたという。実は、開院式に出なかったのは、着るべきモーニング・コートを持っていなかったからである。

ちなみに不敬罪は、戦前の刑法にあり、天皇、皇室等に対する不敬行為に五年以下の懲役などが明記。現在も、オランダ、スペイン、ベルギーやイスラム諸国にある。

西尾は、その後、天皇即位の御大典には、皇居に呼ばれると、兄又四郎の勤めている大林組の若主人のタキシードをもらい受けて、式典に参列した。そのとき、下賜《かし》された御紋章入りの菓子、煙草、料理の折詰は郷里で病に伏していた母に差し出し、母を喜ばせたという。

この後、無産政党は戦時下の影響を受け、離合集散。西尾は次の七年選挙では候補者乱立の煽りを受け、共倒れで落選した。

社民党から社大党へ

その後、社民党は、日労系と合併する。社会大衆党の結成だ。西尾は次の昭和十一年の総選挙では不出馬。この間、西尾は、大阪の労働戦線をまとめることに専念した。

西尾は「その頃、今後労働組合の統一をどうしてもやらなければならないと考えたので、衆議院議員の立候補を断念した」「私は労働運動専一にやったものですから、それに代議士でもなかったので、当時のことは記憶がありません」（『大衆』）。

慶応大学の中村勝範は『日本政治の実力者たち（3）』で西尾論を書く。「社会大衆党時代の西尾は、同党を動かす幹部ではない。この時代には党中枢には寄りつけず、またときには疎外されていたこともあった」と。国会議員でもなく、大阪で労働運動をやっていたからである。

日本共産党は、西尾を叩くとき、戦前の社会大衆党の〝戦争協力〟話を持ち出す。しかし、西尾は、当時は、外野にいたのでお門違いだ。

ここから戦時下の話に続く。

その前に、社会大衆党も、最初から、軍部万歳ではない。一九三四年の陸軍省「国防の本義とその強化の提唱」というパンフレットに、麻生書記長が飛びつき、共感したところ辺りから軍部寄りに急展開する。このパンフレットは、軍はもっと政治に関与しなければこれからの総力戦を勝ち抜けないという趣旨で、軍の政治介入を正当化するものとなる。

その前の国会では、「戦争に反対した唯一の党——社大党」と中村勝範教授が書いたように、堂々としていた。

「第六四議会において、膨大な軍事予算が労働大衆を塗炭の苦しみにおとしめるものであると本会議で演説し、公然と反対投票したのは社会大衆党だけであった。大胆率直な反対はできなかったが、満洲への進出、軍備拡大に抵抗し、されにソ連との不可侵条約の締結を公然と大衆の前で唱えた政党があったとすれば、それは社会大衆党であり、この政党をおいて他にない」(「革新」一九七六年五月号)という。

第七章　戦時下の混乱と抵抗

西尾に限らず、戦時下の政治家の評価は簡単ではない。獄中にいて十年間も活動を停止していた日本共産党を除けば、だ。

かの荒畑寒村も、野坂参三帰国歓迎会で、主賓が「戦争中、反戦運動したのは共産党だけだといったが、そんな事実が果たしてあったのか。海外に亡命していた野坂君よりも空襲下の日本に生活していた私たちの方が知っている」と反駁する。

西尾も「満洲事変以来、大きな民族的な力として出てきたものに対して抵抗する力もないし、抵抗すれば殲滅《せんめつ》させられる性質のものでした。なぜ反戦の立場を打ち出しえなかったか、戦後いろいろ言われていますが、それは後から言えるものであって、当時の雰囲気はそんなものだった」「あの当時反戦をうちだしたら、たちまち国民の反対を受けて運動も何もできない。手足を拘束されるような状態になったと思います」(『大衆』)と語る。

社会大衆党も一九三七年十一月に皇軍感謝慰問決議をする。これを踏まえて「北支慰問団」を派遣する。中国北部への視察団だ。河上丈太郎(のちの社会党委員長)団長ほか西尾ら九名だ。西尾は律儀に帰国後「北支皇軍慰問の報告」というパンフレットを出している。結論で三点を指摘。①シナは広い。日本の尺度で測っては見当が違う②戦争は国民全体が一致協力してのみなしうる大事業だ③戦敗国の国民は余りにも悲惨。国防の安全を期せねばならぬ。

それを踏まえて議会で質問をしている。「労働者の国防上の地位について重要に考えて貰わなければならぬ。しかるに軍は従来、労働問題について本当に研究しようとする態度に欠ける所があったのでないか。今後はもっと真剣に、積極的に、親切に研究し、労働者を保護するよう、積極的な考慮を払わなければならぬと思う。私のこの認識に対する批評を軍当局から承りたい」と迫っている。当時の状況からみれば、ギリギリの抵抗だったのではないか。

国家総動員法案

そこで、次に一九三八（昭和十三）年の国家総動員法成立の国会審議に移る。西尾が国会除名を食らった事件である。

この法案はいまでは悪名高いが、当時は違う。野放図な資本主義経済を規制し、国家の権限を強めようとする法案である。同時に出されていたのは、電力国家統制法案、国民健康保険法案、職業紹介所国営法案などである。現在の世界に誇る健康保険制度の萌芽であったし、ハロー・ワークのさきがけである。

近衛内閣は、統制経済への道筋をつけようとした。これには当時の与党である政友会も民政党も実質的には皆反対。彼らのスポンサーである財閥は反対だからである。苦々しく思っていた。これに野党の社会大衆党は賛成だった。

経済に対する国家規制の道が拓かれると。近現代史の権威・伊藤隆東大名誉教授は「社大党は国家動員法を『社会主義の模型』としてとらえていた」（伊藤『近衛新体制』）とみる。

この法案の委員会審議で、西尾は近衛総理らに厳しく迫っている。労働国策審議会を設けよ、失業保険や労働時間短縮などを進めよ、厚生省に賃金統計局を設けよ、などと。その上で「資本主義が共産主義の温床だ」と、やる。だから資本主義を変えよということだ。そんな質疑ができたのである。

その上で、西尾は、本会議で賛成演説をし、近衛総理を叱咤激励した。そこまでは良かったが、時間が少々余ったので、西尾が余計なことを口にした。「ヒットラーのように、ムッソリーニのように、スターリンのように」強いリーダーシップを発揮せよ、と言ってしまった。また明治維新の「五箇条のご誓文」まで口にした。

これで国会審議はストップ。政友会、民政党はここぞとばかりに西尾を国会から追い出した。西尾は懲罰委員会で「一身上の弁明」をする。考えてみれば、一九五九年の社会党大会での「一身上の弁明」の前に「一身上の弁明」をやっていた。「スターリン」発言に対する反論の内容が凄い。

「私の片言隻句をとらえて、私を共産主義者のごとく言われるのは言いがかりだ。諸君は共産主義に反対しているが、頭の中でそう考えているだけだ。私は身を挺して共産主義と戦ってきた。共産主義者は日本赤化のため最初に魔手をのばしてきたのが、労働総同盟だ。私は総同盟幹部として血みどろの闘争を続けてきた。敢えて言う。私は防共の功労者だ」と言い切った（『伝』）。ここまで啖呵を切れる人はいない。

このとき、憲政の神様と後にいわれた尾崎行雄は、待ったをかけた。

「そこで私も言おう。近衛首相は自信を持ってヒトラーのごとく、ムソリーニのごとく、あるいはスターリンのごとく、大胆に日本の進むべき道を国民に示して指導せられたい。私は西尾君と同様のことをここに重ねて要望する。しかし西尾君はこの言葉を取り消したが、私は取り消さない。西尾君が懲罰に値するなら、西尾君を除名する前にまず私を除名せよ」

と絶叫した。

言論の自由を守れと体を張った。〝憲政の神様〟といわれるゆえんだ。しかし西尾は除名。次の補欠選挙で、西尾は地元大阪市民の熱狂的な支持を得て復活した。この演説は「ヒットラー」「スターリン」の話に矮小化されるが、そうではなかったのである。

ちなみに戦前の国会で、議員除名処分をうけた議員は三名だ。議長不信任が可決されたにもかかわらず議長の椅子から離れなかった星亨、西尾、そして後述する斉藤隆夫だ。名誉の除名処分とも言える。

斉藤隆夫事件と勤労国民党

この二年後、また事件は起きる。斉藤隆夫事件だ。その前に、もう一つある。

一九三九年に社会大衆党は東方会との合同問題が起きる。麻生、三輪寿壮らが主導し、ファッショ的な東方会との合同を目指したのだ。党首の安部磯雄を差し置いて、麻生書記長らが走った。これに西尾は反発。

「これはけしからぬ。ファッショ的傾向の強い東方会と合同することは重大問題である。われわれはこれに反対したが、当時党内の多数派だった旧日労系は、あえてこれを押し切って合同工作を進めていった」（西尾『大衆と共に』）

党首安部も「合同には反対しないが委員長は辞任したい」と申し入れた。

翌一九四〇（昭和十五）年二月二日の国会では、民政党の斉藤隆夫議員が、軍を批判するいわゆる粛軍演説をし、国会除名となる。

「シナ事変は聖戦なりや」「十万の兵の命と百数十億円の国費を犠牲にしながら無策ではないか」とやった。

除名論の急先鋒は、保守党ではなく、そのころ軍部と深い関係にあった社会大衆党の執行部である。党首の安部磯雄は病身で国会出席もままならぬ状態。書記長の麻生久とその取り巻きが主導権を握る。麻生、亀井貫一郎につづいて三輪寿壮、河上丈太郎、三宅正一、浅沼稲次郎（のちの社会党委員長）ら日労系である。

西尾は五年間も議員でなく、社大党ができたときは、ほとんど大阪在住で関係ない。日労系が主導で社大党はでき、軍部との提携に走った。斉藤質問は許さないと除名論の急先鋒である。西尾は「党の分裂を賭してまで、われわれを大量除名したいのは、軍部と麻生君等との関係がいかに緊密であったかを物語るものであろう」（『大衆』）と語る。

麻生と軍部との関係は緊密になるが、その仲を繋いだのは亀井貫一郎である。亀井の自伝的備忘録「五〇年『ゴム風船』を追って」（高橋正則『回想の亀井貫一郎』）に、はっきり書かれている。

昭和四年七月に「麻生久、赤松克麿両氏と共に、陸軍佐官級の研究会『桜会』の謀議に参画す」。昭和六年二月に「一生の盟友永田鉄山を得た」という具合である。永田は陸軍軍務局長で統制派の最高指導者。のちに皇道派に惨殺された彼である。麻生、亀井らと半端な関係ではない。西尾らとは別世界である。

共産党や一部の論者の、さも社会大衆党は一枚岩で、軍部と協力したなどという論評は当たらないどころか、西尾など社民系を意図的に誹謗中傷するものである。

この斉藤処分には、旧社民系は黙っていない。除名反対である。国会での投票でも棄権。これに執行部は西尾、片山らを社大党から除名にした。斉藤除名には保守派の議員でも反対派が出た。尾崎行雄や芦田均（のちの総理大臣）らである。

西尾、片山らの除名処分に旧社民系は怒り、新たに新党づくりに走る。「勤労国民党」である。全国にこの輪が広がり、旧日労系とは袂を分かつ。松岡駒吉の総同盟は全面支援。綱領もでき、地方組織も整い、いざ結党となったとき、時の政府はこれを弾圧。即日結社禁止。その理由が奮っている。この「一派はその本質より見るも、またコミンテルンの指令に徴するも、人民戦線運動に乗ぜられたる危険性を最も多く有する」と内務大臣談話である。

これには片山、西尾ら幹部はたまげた。「事のあまりの意外に耳を疑う。過去二十年近く共産主義と戦いつつ人民戦線的傾向と戦った」という怒りの安部磯雄談話を出している。

日労系と社民系

どこかで、「社民系」と「日労系」について触れなければならないだろう。いうまでもなく、その原点は、昭和元年の無産政党結成に遡《さかのぼ》る。

社民系は、その時の社会民衆党の流れ。日労系は、その直後に生れた日本労農党の流れだ。前者は、安部磯雄、片山哲、西尾末廣、鈴木文治、松岡駒吉らで、労働総同盟をバックアップとし、議会制民主主義で一貫する。

これに対して、日労系は、総同盟の非主流派が、社民に対抗して突然立ち上げたグループだ。思想的には、マルクス主義の影響が強かった。麻生久、三輪寿壮、河上丈太郎、河野密、三宅壮一、浅沼稲次郎らで、東大や早稲田出のインテリが中心だ。

社民系が労働者中心なのに対して、総同盟に引き続いて、政党でもこれら労働者の後塵《こうじん》を拝するのを嫌がったグループの突然の立ち上げである。これで、総同盟は、第二次分裂となる。

これに対して、芳賀綏は日労系に好意的である。「彼らの胸中に燃えた熱烈壮大なロマンチズムである。日労は論理の人の集まりでなく、情念の人の集まりだ。思想的異分子と明確に一線を画し心を閉ざす社会民衆党系の求心的性格と対照的に、現状打破のためには八方に心を開き手を携えんとする遠心的性格が日労にはあった」（芳賀『三宅正一の生涯』）という。たしかに、仲間と大言壮語をし、気勢を上げるのは気分がいいだろう。

西尾の評価は厳しい。社民党結成時の妨害的な日労の旗揚げ、斉藤隆夫国会除名問題と勤労国民党結成の妨害などで、痛い目に遭っているからである。

三輪寿壮逝去のときの座談会でも舌鋒は鋭い。

「日労党は共産主義そのものは悪くない。共産党が悪いといい、社会民衆党の方は、共産主義あるいはマルクス主義そのものに対して反対し、あるいは批判的だったな」（「民主社会主義」三輪寿壮追悼特別号、一九五七年十、十一月号）と。

西尾が社会党大会で統制処分を受け、新党に踏み切らざるを得なかったときも、そうである。西尾は「河上派（日労派）というのは、常に右派におりながら、その反対するのは僕らにやらせておいて、それを押さえて自分がいい顔をするということばかりやってきた」と憤《ふん》懣《まん》やるかたない。

「われわれはむしろ河上派と一緒になって戦おうではないか申し入れていた。それは九分通り諒解ができていた。ところが最後の段階で浅沼さんが党内野党の協定の約束を破ってダメになった。これでは仕方なしに（われわれは）出なければならぬことになったわけです」（「改

革者」一九六七年八月号）

ただし、ここで補足しておかなければならないことがある。たしかに、民社党結党時は、彼は「社民系」、あいつは「旧日労系」という戸籍探しがあった。しかし、その後、人の流れが時代と共にどんどん変わる。過去を遡れば、森戸辰男、西村栄一などは日労の人脈か。春日は日本無産党の加藤勘十と同じ名古屋が地元だから左翼か、とは言えない。そんなことは関係ない。一九六〇年の民社党結党で、河上派から来た人を日労系といってももはや意味がない。

ただ、社会党時代は、社民系は、日労系とは同じ右派でも体質が違った。

それにもう一つの体質の違いがあった。それは端的に言えば、日労系では親分子分の絆が強かった。呑んで大言壮語をし、気勢を上げるということか。それに比べ、安部磯雄、片山哲はクリスチャンで、対照的。西尾も、社交嫌い。親分子分も大嫌いだった。もっと依怙《えこ》贔《ひい》屓《き》してくれという声を無視した。晩年、西尾はこれを少し反省し、人の言うことにもう少し耳を傾けようとなる。

まず安部について西尾は「人間以上の人と尊敬」する。安部は「徒党を組むことを非常に嫌われた」。西尾もそうで「私の後輩からすると、西尾は親分らしくない、贔屓にしてくれない。ある人いわく、やはり親分というものは贔屓にするものだ、不公平にするものだ。西尾は不公平にしない、冷たい、という批判」（『西尾末広想い出の人』）をされたという。〃不器用な合理主義者〟なのだ。結構、付き合いにくい人だったのである。

最近、昔の西尾の行動を〝意図的に〟批判する言論がある。「民社党の場合、ルーツの一つである戦前の社会大衆党などは元々ファシズムとの親和性が高く」（佐藤優『漂流・日本左翼史』での発言）などである。まるで、民社党がファシズムと関係があるかのような暴言だ。

その極致は、日本共産党の民社党と西尾批判である。これは何度もやられたが、特に際立ったのは、一九七六（昭和五十一）年一月の国会で春日一幸委員長が、共産党リンチ事件を取上げたときがピークだろう。二月一日付け「赤旗号外」で大特集を組み、「いつも侵略戦争と国民抑圧に協力―民社党の過去と現在」の大見出し。「みずから社会大衆党を解党して、西尾氏は大政翼賛会の推薦議員になりました」と書いた。これは事実に反すると民社党が反論。西尾は非推薦で選挙でさんざん痛めつけられた。

「非推薦候補に対する当局の干渉弾圧の激しかったことは周知のことである。たとえば政見書の内容についても数回当局に呼びつけられた。その職歴を記載するについて、労働組合関係を削れという。私の経歴からそれを削れば外に何も書けぬと頑張ると、今度は『労働運動に尽瘁《じんすい》す』とあるが、この『尽瘁』は善いことだから、いかんというのだ。労働運動を罪悪視する態度からだ。私はこれに抗弁したが、結局、『努力』に変えて許可を得たと言う馬鹿馬鹿しい有様だった」（『大衆』）と書いている。

このときの選挙公約を見る。西尾は「今回の総選挙において私は、翼賛政治体制協議会の推薦候補者の重囲の中に、孤立無援、血みどろの悪戦苦闘を続けて居ます」と苦境を訴えている。

前に戻る。

そこで、共産党は七六年二月十八日付け「赤旗号外」で小さな文字でこれを訂正するも、大見出しは「根は同じ、自民＝民社＝右翼＝特高」とまたまたアジり、「翼賛議員だった西尾元委員長」という小見出しをつけた。

これもインチキ、共産党がよく使う「でっち上げ」だ。というのも、西尾は反東条で一貫し、政党解散のときも、反東条で非推薦組の「興亜議員同盟」というグループにいた。斉藤隆夫、中野正剛（東方会の代表）、三木武吉（のち自民党の保守合同を指導）、笹川良一ら一騎当千のつわもの。これに無産政党系から西尾、水谷、平野力三、富吉栄二の四人が参加。ちなみに、このうち西尾、水谷、平野が社会党結党三人男になる。

ほかに非推薦組は、鳩山一郎、芦田均、鈴木文治、片山哲らの東大超エリート組は「同交会」をつくる。推薦組の河上丈太郎、河野密、三宅正一ら日労系は、官製与党の「翼政会」にいた。そのため、戦後は公職追放になる。

共産党は、この事情を知った上で、わざわざ、西尾は「翼賛議員」だったと、書く。なんとも、情けないアジテーションだ。

笹川良一との関係

ここで挿話がある。西尾と笹川良一との関係である。笹川は右翼の巨魁。二人は反発し合っていた。ところが政党解散で、衆議院の議席順は、都道府県単位となり、二人は同じ大阪なので隣の席となる。

そのうち、議員生活に慣れぬ笹川が、議会対策で、超ベテラン議員である西尾に推薦選挙反対の署名運動で協力を申し込んできた。それから交流が生れ、東条内閣提案の戦時行政特別法案、戦時刑事特別法案、言論出版集会結社等臨時取締法案などを巡り、反東条で団結し、抵抗した。

戦後、笹川が戦犯として入獄するとき、西尾は義理堅く、見送りをする。これが一部の左翼マスコミに引っかけられ、西尾は出馬するなと報道される。これに笹川が怒り、名誉毀損で訴えよ、と暴れた。

「読売に予と西尾の腐れ縁うんぬんと書いていたが、名誉毀損である。西尾君とは断って金銭関係なし。告訴せしむべし。怖れるべきは排他独善の共産主義者なり。西尾君に伝言すべし」（笹川『巣鴨日記』）

二人を結んだものは何か。笹川日記を編纂し『評伝笹川良一』を書いた伊藤隆東大名誉教授は笹川を突き動かしたものは「もっとも強く動かしたものは『正義』というよりは、それを超えた『仁義』『義理』『義侠』『信義』『義務』『大義』を含む『義』とでもいうしかない強い感情であったと思われてならない」と書いている。私流に言えば、「男気」だ。笹川と西尾、そして鳩山等は反東条で共闘したのである。

なお、西尾が委員長として最後の総選挙となる一九六七（昭和四十二）年選挙の前年年末、民社党本部に「笹川だが西尾君に渡してくれ」と老人が一人で夕暮れに訪れた。笹川からの陣中見舞いだった（拙稿「夕暮れの男と西尾」『幻の勤労国民政党』）。西尾の通夜に一番早く弔問《ちょうもん》に訪れたのはなんと笹川だった。西尾秘書だった和田一仁議員の秘書・原健太郎が証言している。

もうひとつ、戦時中の西尾の抵抗がある。それは労働組合解散、産業報国会結成に対してである。西尾はやはり労働運動の出で、労働組合の行く末に重大な関心を払っていた。

松岡と西尾は、総同盟の双璧だったが、粘りは少し違うようだ。同盟議長をつとめた天池清次はいう。「昭和二十四年に、総同盟が川崎の大会で分裂したとき、松岡会長は『労働運動に対する情熱を失った』といった。よほど左派のやり方に幻滅を感じたのであろう。後に西尾さんは『運動家は情熱を失っては成らない』といっていた」「西尾さんの魅力の一つは、高齢になっても一向に衰えぬ情熱にあり、それが若い人を引きつけずにおかない」（『同盟』西尾追悼特集号）。

そういえば、戦後の労働組合立ち上げのときも、大阪から西尾がいきなり上京し、松岡に労組再建を頼む。玉音放送から二日後だったので、松岡は驚いたという。

西尾は総同盟解散後も、労働組合運動の再生のため動いた。産業報国会本部に再三押しかけ、三輪寿壮らに議論をふっかけた。「労働者の自主性を尊重し、その創意と協力の精神を呼び起こさねば生産能率は上がらない。そのため、産報の中央、地方の指導機関に半数の労働者代表を参加せしむべきである」と。

「同じ産報の協力者だった河野密君のごときは『西尾君は相変わらず労働組合の夢を捨てきれずに、産報の労働組合化を主張してるよ』と半ば揶揄的に私を批判していたという話を、水谷君から聞いたことさえあった」（『覚書』）という。

そのころの戦時議会で、産報批判を続けたのは西尾ただ一人だった（『大衆』）。

戦後、左翼の大御所、山川均（もと共産党で、その後「労農派」を指導）は、西尾ら旧社民系を評し「最右翼の中の安部、片山といった人たちの方が立派だった。この人たち方が理論―といっていいかどうか、ともかく筋をとおすことに忠実だった。これは公平に認めなければならないと思います」（『山川均自伝』）と語っている。当然、西尾も含めてであろう。

第八章　戦後のダッシュ——日本社会党結成と社共統一戦線潰し

昭和二十（一九四五）年八月十五日の玉音放送で国民は敗戦を知る。西尾は、地元大阪にいて定期預金が満期なので住友銀行湊支店にいた。そこで放送を聞く。西尾は「一等分の涙」というが、敗戦の悔し涙とともに戦争がようやく終わって助かったという嬉し涙もでたという。

多くの国民は、ここで当分、打ちのめされるが、西尾は違う。勇ましく、立ち上がり、いよいよわれらの出番だとばかりにダッシュする。というのも、西尾は衆議院議員として反東条のグループにいて、旧軍人からいろいろ情報を聞き、敗色が濃いことを知っていたのである。

その「メンバーの中には、陸軍少将真崎勝次、江藤源九郎、海軍少将松永義男といった軍人出身の議員がいた。われわれは、この人たちから、専門的な戦局の分析をきく」（『政治覚書』）とある。一般国民の知らぬ情報を西尾は知っていたのである。

放送を聞いて、西尾はそのまま自宅に戻らず、京都に行く。同志の水谷長三郎に会うためである。社会主義政党を立ち上げよう、と。水谷とは第一回普選以来の同志。

さらに、翌日には「少しばかりの食糧と洗面道具などを入れたリュックサックを背負って、東京行きの列車に乗った。窓ガラスは壊れ、電灯もつかない列車は、スシ詰めの満員で、一晩立ち通しのあげく、やっと翌朝の九時に品川駅についた」（『政治覚書』）という。総同盟会長だった松岡駒吉に、労働組合運動の再生を呼びかけるためである。水谷も松岡も、そんなに慌てなくともという感じだったが、西尾は二人を煽った。

八月二十一日頃、というと敗戦から一週間後、水谷が上京し、芝田村町の西尾の宿で三人が落ち合い、腹を決める。この宿とは、西尾の社民党以来の同志で戦前、東京市会議員をしていた和田操の家である。和田の息子・一仁が、西尾の秘書になるのは、この因縁である。

西尾がこのようにダッシュしたのはなぜか。「戦争が終わったらどういう立ち上がりをするかという点について水谷氏や平野氏と時々話をしました」（西尾『新党への道』）という。こころの準備があったからである。

戦後、社会党の結成は十一月二日と一番早い立ち上がりだ。西尾五十四歳の油の乗りきった時である。この結成については、様々な人が関与しているが、西尾、水谷、それに平野力三の三人組が先導したことは定説である。平野は戦前からの農民運動指導者である。

どうして三人か。これは戦時中の会派と関係ある。戦時中、議会では、親東条派の翼賛議員が多数派。翼賛選挙非推薦組は、反東条派で、三、四のグループに分かれた。西尾ら旧社民系は、西尾、水谷、平野らだ。彼らは始終顔を合わせていたのである。

「西尾は、社会大衆党の軍部接近に反対して除名になり、さらに反東条の姿勢を貫いたという意味で、社会党再建の立役者として有資格者だった」と『結党四〇年・日本社会党』で読売新聞社の飯塚繁太郎は書いている。

日本社会党を作った中心人物は、西尾なのである。これが西尾の戦後の原点だ。これが死ぬまで西尾の頭にあった。その後、民社党を作ってからもである。

潰れた新党話

その前に、言及しておかねばならないのが、社会党結党の煽りで、いわば西尾によって潰された党が三つもある。

第一は、尾張の徳川侯を囲んで、愛知出身の加藤勘十、鈴木茂三郎らが画策したもの。仲介者の藤田某が得体の知れない人物なので、西尾は話を打ち切り、ご破算となった。

第二は、鳩山一郎（のちの総理大臣）らが新党に西尾らを含めようとした話。西尾は無理があると言い、鳩山も「育ちが違うな」と言い、別れた話。

第三は、岸信介の新党構想。岸は親友の三輪寿壮を使って社会党右派を含む新党をめざした。「岸君は社会主義者ではない」と西尾は言い、ご破算に。岸グループは日本再建連盟を作る。これが、その後、民主党、自由民主党と流れる。岸の秘書役だった福家俊一は「結果的に話を潰したのは西尾である」（岩見隆夫『新版・昭和の妖怪、岸信介』）と語る。

西尾を民主社会党を作った人物と限定すると間違う。日本社会党も、民主社会党も、西尾が作った政党である。

後述するが、西尾は、民社党を作り、引退したあとも、常に社会党の行く末を見守り続けている。つまり保守政党と互角に渡り合える革新的政党の登場と、それによるスムーズな政権交代体制を願っていた。イギリス労働党やドイツ社会民主党などのように。

そこに行くまでに、社会党の結成に戻る。

最近判った文書がある。大阪府知事から内務大臣への報告「日本社会党結成をめぐる在阪社会民主主義分子の動向に関する件」（一九四五、九、十三、粟屋憲太郎編『資料日本現代史第3巻』所収）である。当時、まだ内務省が、各県から社会情報を報告させていたのである。

それによると、八月二十日に西尾は地元大阪の疎開先などで、社会党結成に向け同志を糾合している。杉山元治郎（日農組合長、衆議院副議長）、河上丈太郎（のちの社会党委員長）、永江一夫（のちの農相）、吉田賢一（のちの民社党国会議員団長）、阪本勝（のちの兵庫県知事）ら右派の錚々たる人物ばかりである。

また九月十日には組合幹部を招集している。金正米吉（のちの総同盟会長）や村尾重雄（のちの全化同盟会長、参議院議員）らだ。そのときのメモである。西尾の出した新党への考えがメモ書きされている。

要約する。①新党は皇室を中心とする日本的社会主義の具体化をめざす②新党は大体旧無産陣営を網羅する③我々は共産主義から民族を守る防波堤たるべし④組織の基底として労働組合の組織化に着手（他に、新党の性格は労働者的階級政党でなく広汎なる勤労者党とする）などである。

共産主義を許さず、皇室など日本の伝統を尊重し、広汎な勤労国民政党をつくる、これだ。ここに西尾の原点がある。

結党と二つの争点

十月の結党大会では、二つの争点があった。一つは「天皇」について肯定するか、共産党のように否定するかである。二つは、共産党からの「統一戦線」申し込みにどう答えるかである。これは大事な論点だったが、西尾は「天皇」については維持する。その理由は国民感情である。国民の皇室に対する感情を無視して政治活動はできない。それと最悪の本土決戦を回避した玉音放送の威力は凄い、という判断である。

結局、十二月一日付けで地方組織へ通達を出す。

第一　天皇制に対する我が党の態度に関する件。

天皇制に対する我が党の態度を要約すれば、天皇制の下、民主主義、社会主義の実現に進むにあり。①憲法学説においては、主権在国家たる国家法人説を摂り、天皇制を存置すること。②天皇の大権は、民主主義の精神に基づき大幅に縮小すること。③民主化されたる天皇制の下に、民主主義、社会主義の実現に進むこと。

第二　共産党との共同戦線に関する件。

共産党との共同戦線問題に関する我が党の基本的方針は次のごとくである。①我が党の綱領政策を徹底することが現下最大の急務たるにつき、我が党独自の方針を以て進み、従って共産党との共同戦線を持たざること。②日常闘争、労働争議、小作争議等の場合に於いても、前項の方針に則ること勿論なるも、個々の問題又は地方の特殊事情により共同闘争を申し込まれたる場合に於いて、これを必要と認めたる場合においては府県連合会又は本部の指示を受くべきこと。

こうした通達を出さなければならないほど、社会党の地方組織は混乱していた。この通達に本部でも左派が反発した。荒畑寒村は本部に公開質問状を出し、朝日新聞に掲載される。

当時、社会党内には共産党のフラクション（秘密連絡網、分派とでも言うべきか）が張り巡らされていた。左派の鈴木茂三郎が「今だから言うけれど、社会党の中央執行委員会の中に共産党のフラクションがあった」（『鈴木茂三郎選集第三巻』）と認めている。鈴木以外の、加藤、黒田らだろうが、鈴木は関係なかったのか。

天皇制を巡って党内の左右は激しくぶつかった。労働省編の『資料労働運動史』は当時の複雑な党内事情を分析している。

「常任中央執行委員会においても、天皇制の議論において水谷長三郎、鈴木茂三郎、加藤勘十、黒田寿男、松本治一郎の諸氏は主権在民を主張し、これに反対して、天皇主権の一部剥奪に止めることを主張する西尾末広、松岡駒吉、平野力三、河野密らが対立したが、結局天皇制支持に落ち着いた」とある（ここでは、水谷の色分けが気になる）。

社会党は、結成時、共産党系は排除するが、どこまでウィングを広げるかが問題になった。西尾らの旧社民党系、それに旧日労系は当然として、旧日無系（日本無産党系）を入れるかどうかだったが、日無系は少数なので入れた。日無系とは鈴木茂三郎、加藤勘十らで、いわば共産党とも近い左派である。

問題は、日本共産党が執拗に社会党との共闘や統一戦線も申し込んで、社会党を揺さぶったことである。共産党は社会党を乗っ取ろうという戦術である。

「社会ファシズム」論で、共産党にとって社会党は一番邪魔になる存在である。地方では「社共合同」論を煽り、特に青森や長野などで社会党は揺さぶられた。また、機関紙「アカハタ」では、社会党幹部を名指しで誹謗した。やれ西尾や松岡は、「ダラ幹」（堕落した幹部の意味）だとか資本家の手先の「飯場頭」とかである。

また社会党内に共産党員を潜り込ませた。松本健二はそうした工作員で社会党の左派を糾合する「五月会」の事務局長に収まる。そこで暴れる。片山内閣が倒れた直接の原因である補正予算案の抜き打ち否決も、「五月会」の陰謀であったろう。社会党左派幹部は共産党の『フラクション』であった。加藤勘十、黒田寿男などは毎日のように共産党と連絡を取っていた。あまりにひどい状態だった。つまりまともな共闘論ではなく、社会党を上から下から揺さぶるためだった。

西尾は戦前の労働運動から、共産党のこうしたやりかたを知っているから、「統一戦線」申し込みを門前払いした。再三の共産党からの共闘申し込みに、西尾は要請書をその場で破り捨てた。

「共産党は手を変え、品をかえて申し込んできた。ある日、共産党の神山茂夫、袴田里見ほか数名の諸君が、議会対策部長であった私を訪ね、食糧問題についての共闘をぜひやりたいと申し込んできた。神山君がその申込書を読み上げた。私はこの文書を受け取るやいなや、ワシづかみにして、モミクチャにしたうえで言った。『内容の如何に拘わらず共同闘争はお断りする。われわれは君達共産党を信用していない。信用しないものとの共同闘争はできない』、すると神山君は『大衆の要求を無視するのは怪しからん。われわれは大衆の力を背景に、百回でも二百回でも共同闘争を申込む』と捨て台詞をいって帰りかけた。そこで私は『ちょっと待て！』と声をかけた。『そういう態度がいけない。共同闘争はお互いの理解のうえで成立する。共産党的でダメだ』と決めつけたことがある」

だから冒頭に書いたように、共産党史の中で、一番、叩かれているのである。

まず共産党は最初から社会党飲み込みのための統一戦線呼びかけである。それを証明するのが、一九四五年十月二十日の「赤旗」第一号だ。

そこで、「松岡駒吉、西尾末廣を先頭として、多かれ少なかれいわゆる労働組合に地盤を有する組合又は政治ゴロの親分、ダラ幹の元締が多く、おまけに悪質な戦争犯罪人まで含まれている」と。誹謗中傷そのものである。

そして統一戦線がうまくいかないと責任転嫁だ。『日本共産党の五〇年』をみると「統一戦線の結成を阻んだ最大の障害が、社会党と総同盟の指導部をにぎっていた右翼社会民主主義勢力の反共主義にあったことは、この二年間のすべての歴史的経過にてらして明白である」と書かれている。

上述の松本工作員も諦めて書いている。「社会党に西尾が健在な内は工作は無理」（松本『戦後日本革命の内幕』）と。

もう一つある。一九四六（昭和二十一）年は統一戦線ブーム。総同盟の左派高野実派と共産党が非公式に集まる。「二月八日の会合で、共産党の徳田らは、『とにかく松岡、西尾がいるかぎり統一はできない。君らが松岡、西尾を追い払うことが先決で、統一はそれからだ』とつよく主張した。

これに対して、高野や荒畑は『それは順序が逆だ。松岡、西尾を追い出すためにも共産党が総同盟にはいってわれわれと一緒に闘うべきだ』と説得した」（連合新書『ものがたり戦後労働運動史』）というやりとりがあったという。共産主義者にとって松岡、西尾が最大のガンだったのだ。

当時のマスコミも、共産党のやり方に不信感を持っていた。共産党は一九四五年末までに三回も共闘を申し入れたが、「社会党の反発は単なる感情論だけからきたものではなかった。

戦前、戦中の実際経験を通じて共産党の体質はいわば『右手で握手を求めながら、左足でけとばす』ものと受け止める人が多かった」（田村『戦後社会党の担い手たち』）と。

また社会党内でも右派ばかりでなく左派の主流の鈴木茂三郎らも共産党に強い警戒感を持っていた。特に鈴木は徳田を「品性劣悪、不誠実」（鈴木『ある社会主義者の半生』）と嫌悪していた。

統一戦線を潰す

ここで戦後をゆさぶった「統一戦線」問題を整理しておこう。

共産党の執拗な社共統一戦線呼びかけは、実は、当時のマスコミの要求でもあった。ここが簡単ではないところ。当時の朝日新聞、読売新聞などは連日のように社説で統一戦線樹立を煽った。

朝日は敗戦翌年の一九四六年一月十三日、一面トップで「人民戦線の急速結成」という記事を載せる。二十八日の社説では「即刻、民主戦線の結成に直進せよ」と煽った。読売はもっと激しい。一月三日社説で「民主勢力の共同戦線」、十六日の社説で「人民戦線内閣を作れ」とくる。まるで人民戦線の機関紙のようだ。

共産党は、一九三五年のコミンテルンの第七回大会で、この方針を決定。フランス、イタリアなどで反ファッショの統一戦線が活躍。中国でも、国共合作だ。日本でも、一九四六年一月に野坂参三が中国から帰還し、「民主戦線」を提唱し、大喝采。

その前に、労農派の山川均が「人民戦線」を提唱する。共産党からだけの工作に加え、労農派の工作に西尾ら社会党執行部は手を焼いた。

自由主義者の石橋湛山（のちの総理大臣）、長谷川如是閑《にょぜかん》（著名な評論家）、横田喜三郎（のちの最高裁判所長官）、それに安部磯雄や水谷長三郎や森戸辰男らが乗り気になる。党内では、加藤、鈴木、黒田、松本らの左派は、共産党との統一戦線に乗る構えで、党内は混乱する。そうした中で、総選挙をはさんで五月に右派の森戸辰男が人民戦線論を脱し、「救国民主連盟」という社会党主導の統一戦線案を提唱した。党内は激論。七月にようやく、共産党との交渉打ち切りを決定した。翌年四月総選挙を経て、共産党は社会党との統一戦線づくりを断念。社会党の左派議員などの個人参加による「民主主義擁護同盟」（民擁同）を結成する。しかし、朝鮮戦争勃発など情勢一変。民擁同はほとんど活動なしで解散する。ちなみに、日本共産党の歴史では、民擁同が特筆大書されている。というのも、統一戦線工作は失敗続き。その中で、宮本顕治委員長のほとんど唯一の手柄として、これが出てくるのだ。

社会党も、激しい論議の末、ようやく「共産党との交渉は条件未成熟とみなして、これを打ち切る」とした。つまり、別の戦線統一論をぶち上げて、共倒れにしたのだ。西尾は、こうしたやり方に不満足だったが、森戸の智恵である。

「常任委員会ノート」

ここで社会党内の論争について書いておこう。実は、国会図書館の憲政資料室にある和田一仁所蔵文書を調べていたら、そのなかに「常任委員会ノート」というA5版の古びたノートがあった。女性のようなきれいな字で細かく書いてある。いろいろ考えると、社会党の幹部会議の議事メモである。その後は、中央執行委員会が幹部会だが、当時は、常任執行委員会という名称だ。これは一九四六（昭和二十一）年六月十二日から九月三十日までの記録。社会党の結党は一九四五年十一月二日だから、半年後の党内論争時期である。

私が見たときは、図書館では鉛筆での書き写ししか認めない。いまはデジタルで見られるらしいが。そこで、七、八回くらい、図書館通いをして写した。しかし、読み取れないところもあった。これは、記録に留めておくべきものと考え、当時、嘱託研究員の肩書きをもらっていた法政大学大原社会問題研究所の機関誌にさわりを載せてもらった。

二〇一三年六月号で研究ノート「草創期社会党の人民戦線を巡る党内論争記録」で、この「常任委員会ノート」と浅沼稲次郎関係文書にあった「日本社会党常任会議録、昭和二〇年一〇月〜二一年二月」のさわりを合体したものだ。

「常任委員会ノート」では、党内で人民戦線をどうするかの論争である。常任委員会の構成には、いろいろな見方がある。加藤勘十の見立て（『日本社会党二〇年の記録』）を参考にすれ

ば、右派は片山書記長（党首）、西尾、松岡駒吉、平野力三、水谷長三郎、米窪満亮。中間派の日労系は浅沼稲次郎、河野密、中村高一、森戸辰男、田原春次、左派は加藤勘十、鈴木茂三郎、松本治一郎、黒田寿男らか。

共産党からの人民戦線呼掛けに対しては、強面の西尾が拒否したが、山川均が一九四六年一月に民主人民戦線を提唱し、社会党は対応を迫られた。この動きに、党内でも片山、水谷ら、さらには党外では尾崎行雄、石橋湛山らの自由主義者が賛同したため、党内は揺れた。そこで窮余の一策として逆提案したのが、森戸辰男の「救国民主連盟」構想である。

そのポイントは三つ。①加盟団体は他の加盟団体又はその幹部に暴露的攻撃を加えたり、分派・細胞活動をしないこと②加盟団体は共同運動において天皇制に触れぬこと③新政権の形成では新憲法を承認し、天皇制を否認せぬこと、である。

西尾の発言。「①連立内閣の時のごとく、共産党と自由党の双方に提携することには矛盾がある。共産党のごとく大衆化されていない政党と連盟しては社会党の如き大政党として他の大衆を見逃すことになる②労働組合の指導は社会党がやらねばならぬ」

平野「対共産党の態度だけをはっきりすればいい」

加藤「政党中心はいかん。大衆組織を重んじ、共産党外しでは民主戦線の意味がない」

鈴木「我々は今少し共産党との交渉に努力したい」

森戸「目下のところ、日本では政権を作るに共産党を入れるのは困難だ」

最終的には、森戸案を中心に決まる。

「救国民主連盟は、労働総同盟、日本農民組合、民主人民連盟（山川等の提唱―引用者）、全国水平社（部落解放運動団体）をもって結成する。其の他の団体については交渉を継続する。日本共産党との交渉は条件未成熟と見なし、これを打ち切る」というものだ。多数で決定。ただし態度保留は、加藤、鈴木、黒田、野溝勝の四名。七月十四日のことである。

十六日付け朝日新聞は一面で、以下のように報じた。「共産党の参加拒絶―社会党、救国連盟は促進」の見出しで、「原、須永、浅沼、松本の四常任は欠席、顧問松岡、同連盟特別委員長森戸の両氏が特に出席して協議の結果」として、上述の決定文を掲載している。

なおこの救国民主連盟は十二月二日に結成準備会を開くも、この年の、いわゆる十月攻勢へという労働攻勢の対応に振り回される。翌年四月には総選挙で社会党が第一党になり、連立問題が中心で、この救国民主連盟問題は雲散霧消した。

西尾は、このような救国民主連盟方式ではなく、ずばり共産党との人民戦線を排除すべきだったと回顧している。しかし、当時の人民戦線待望の世論横行のなかでは一つの便法ではなかったかと思う。

このように共産党主導の統一戦線を潰した意味は大きい。序文で、俵孝太郎が述べているように、もし社共の統一戦線ができていれば、日本は労働争議で荒れ、奇跡と言われた日本の戦後復興はあり得なかったかもしれない。同じ敗戦国のイタリアは社共主導の国民解放委員会という戦線が政権を獲得。まずやったのは、国王を国民投票にかけ、廃止したことである。『戦後政治史』全四巻を書いた信夫清三郎名古屋大学教授は、イタリアと日本を比較し、「イタリア国民のイタリア国王にたいする態度と日本国民の天皇にたいする態度には大きな違いがあった。国民大衆のあいだで違っていただけでなく、両国社会党のあいだでも大きく違っていた。イタリアの社会党は共和制を支持したが、日本の社会党は君主制を支持していた」。その結果「日本では民主戦線は結成されないままであった」とある。いかにも残念と。

皇室を守る

他にも皇室には、危ない局面があった。外国でも、米国はじめ英国、豪州、ソ連、中国、フィリピンなどで、天皇を裁判にかけろという意見が強かった。

占領軍でも、そうだ。ＧＨＱの初代の労働課長カルピンスキーが赴任してきたときもだ。彼は松岡駒吉、加藤勘十、西尾という当時の労働運動指導者三人を呼び出し、「労働運動の出発にはまず天皇を退位させよ」と迫った。加藤は頷いたが、松岡、西尾はうんと言わなかった。これは有名な話で「芦田日記」にも出てくる。

共産党は、社共統一戦線づくりで、最も重視したのは「天皇制廃止」である。

戦後創刊された「前衛」第一号（一九四六年二月）で、宮本顕治は「統一戦線は、自己目的ではなく、プロレタリアートの戦略的任務実現のための戦術である。われわれは、天皇制下の民主主義というような欺瞞的な目標には充分闘っていかねばならない」と書いた。つまり「天皇制」打倒が統一戦線結成の第一の目標だ、と。

イタリアは、敗戦とともに社共主導の国民戦線がつくられ、保守派も分裂。その結果、一九四六年に王政廃止を問う国民投票が実施され、廃止五四％、反対四五％で、八十五年続いた王政が潰された。この経験は、日本共産党の野坂に影響を与えたと見られる。野坂の研究家の荒木義修元武蔵野大学教授は、その背景にコミンテルン、中国共産党、イタリア共産党などの間に「何らかの連携があったと想定できる」（荒木『占領期における共産主義運動』）と指摘する。

統一戦線と国民投票制は危険。日本でも野坂は、「天皇制」の存廃は国民投票でと言っていた。同じ事を考えていたのだ。危なかったのである。

日本の皇室を守ったのは様々な努力があったからだが、西尾も一役買っている。

第九章　片山内閣

戦後は、敗戦、食糧難、首切りなどで、大混乱が続く。しかも、厳しい占領下である。幣原内閣は、GHQより総選挙を命じられ、自動的に崩壊。しかし、すぐには辞めないので、一問着。戦後初の総選挙では、自由党、進歩党に続いて西尾らの社会党が九十三議席を確保して第三党になる。これに続いて、三木武夫（のちの総理大臣）らの協同党。共産党は五議席に留まる。

そこで自由、社会、協同、共産の四党で幣原内閣打倒の共闘から、次の政権づくりとなる。四党の幹事長、書記長らの会談。三木武吉、三木武夫、西尾、徳田球一らである。座長は西尾。徳田は、四党で幣原内閣を倒したのだから、獲物は当然山分けだ、政権にも共産党を入れよ、と大声を出す。「せっかく手にした獲物を前にして仲間の一人を放り出すとは何事だ」と。緊迫した情勢。

そこで三木武吉が静かに発言。「次の国会は、天皇を戴く新憲法を制定する国会だが、共産党はそれを呑めるのか」と。これには「天皇制廃止」を叫ぶ徳田も詰まり、捨て台詞《ぜりふ》を残して、席を立った（西尾『西尾末廣の政治覚書』）。

二〇二一（令和三）年の総選挙で、共産党は、連立政権入りも含んだ立憲民主党などとの選挙共闘をした。「閣外か、閣内か」といわれたが、もしそうした政治情勢になれば、上述のような事態もありうる。共産党の政権入りである。政権を争う総選挙での選挙協力は覚悟が必要なのである。過去の問題だと、済まされない。

吉田内閣ができるが、吉田は、当時の凄まじい労働攻勢に手を焼く。西尾は「二〇年下半期は、まさに革命的危機の瞬間」（前掲書）だったという。吉田はこれを乗り切るため、社会党の西尾に目をつけ、西尾を連立政権に取り込もうと再三仕掛けてくる。

しかし、社会党は、左派を中心に社会党首班での連立政権しか受け容れないと決めてしまった。第三党であるにもかかわらずにだ。西尾は社会党は連立に参加して、次に備えて学ぶべきと考えたが、党は硬直していた。

この議会では新憲法制定が大きな議題となる。憲法制定の特別委員会に、社会党からは、西尾、鈴木義男（東北大学教授、のちの法務大臣）、森戸辰男（のちの文部大臣）が参加した。鈴木、森戸は大活躍。憲法二五条の生存権挿入などドイツのワイマール憲法などを参考にして憲法案を修正した。社会党は全体的な修正案を用意したが、多数に敗れ、最後は、次善の案として政府案に賛成した。

これに対して、最後まで反対したのが衆議院で八名。うち六名が日本共産党、あとの二人は無所属である。いま共産党は、現行憲法を当面擁護するような党綱領を二〇〇四年に決めた。憲法制定時、唯一反対した政党だったのにである。それも九条では自衛権は認められていないなど、いまからみれば保守派の主張だったのは皮肉である。

片山政権へ

次の一九四七年総選挙は新憲法下、初の総選挙。そこでなんと社会党が第一党になり、片山委員長は、当然首班だと意気込んだ。書記長の西尾は、第一党との報に接し「そいつぁえらいこっちゃ」と記者団に話した。何の準備もできていない。それに第一党といっても百四十四議席、保守派の総数には及ばない。全議席の三一%。そこでまず連立協議となる。社会、吉田の自由党、芦田均の民主党、それに三木武夫の国民協同党である。

まず政策協定づくりとなる。座長の西尾は呻《うな》った。政策がない。その結果、考え出したのは、マッカーサー総司令官が指示してきた政策方針である。これだ！　と西尾は飛びつき、四党の合意を得た。

なにせ占領下である。ＧＨＱの方針には逆らえない。連立協議に、西尾は振り回されたが、ここで吉田自由党は脱落。吉田内閣であれほど西尾を口説いたが、西尾が連立に加わらなかったことへのしっぺ返しだ。そして、社会、民主、国協の三党による片山内閣となる。社会党は与党のなかの四七%に過ぎない。弱小政権である。

西尾は、われわれは「日本再建の主力部隊」だという決意で難局に当たったという。

「右に旧勢力を掃討しつつ、左に共産革命の危険を防止する任務をになうのは、われわれをおいてほかいないという、一種崇高な使命感に思いいたったとき、今更のように自分たち

に課せられた歴史的責任の重大さを痛感した」（前掲書）

これは社会党から民社党へ続く、民社の道、西尾の道だった。

いまから見ると、戦後の「民主化」にはいろいろ弊害もある。ＧＨＱの日本弱体化政策だ。しかし自由の回復、民主政治の実現、家族制度などの弊害除去などプラスの面は否定できないだろう。

これは、つまり保守勢力の連立政権では、日本の新しい改革はできない。われわれが泥を被って、日本を作ろうという決意である。

いずれにしても難局だ。まず占領下である。ＧＨＱの命令は絶対だ。協議ではない。政府だけでなく、議会も牛耳られ、監視されていた。民政局のケージス次長の下で国会監視役はウィリアムズ国会課長である。

「毎朝、両院での前日の審議を要約し、英文で民政局に手渡される」「委員会や本会議における法案の議決については、毎日、民政局に報告される」（ウィリアムズ『マッカーサーの政治改革』）という。「間接統治」といってもＧＨＱのコントロールはきつかった。

それに保守と革新の連立政権。しかも社会党内はやっかいな左派を抱えている。世の中は食糧難、労働争議、インフレなど最悪の状態。泥を被るしかない。

ただし、敬虔なクリスチャンであるマッカーサーは片山首相を歓迎した。「片山党首の首班指名の政治的意味よりも恐らく更に重大な意味を持つものはその精神的意義である。史上初めて日本は長老教会の会員として生涯を過ごしてきたクリスト教指導者によって指導されることになったことである。これは現在日本人の心を支配している完全な宗教的寛容と宗教的自由とを反映している。さらに広い国際的視野より見ても、東洋の三大国が中国における蔣介石、フィリピンにおけるマヌエル・ロハス、日本における片山哲とそれぞれクリスト教の信仰を抱いている人々をその政府首班に迎えるに至ったことは意義深いことである」というメッセージを出した。

この裏側には、総理秘書官をした竹本孫一（のちの民社党政審会長）の工作があった。竹本は、片山に、すぐマッカーサーに会うべきと進言したのである。

片山が辞めるときも、マッカーサーは残念がり、慰留したという。マッカーサーは当時は保守の吉田を嫌っていたという。ＧＨＱの民政局（ＧＳ）も片山内閣に期待していた。ケーディス次長は、最後まで社会、民主の中道政権に期待していた。それは彼らが米国でのニューディーラーだったからである。ルーズベルトのニューディール政策の推進者だったからである。

この時期、西尾は党の書記長をも兼ね、八面六臂《はちめんろっぴ》の活躍。

党大会でも書記長西尾が党務報告。ここでまた凄いことをいう。「時局が困難だから、あるいはまた、自己の政策が十分に行われないから、不人気になることを恐れて退陣した方がよいというような意見は、余に性急で、それは政党の利己主義だ。片山内閣に対し、労働者農民諸君からアテがはずれたとの声を聞く。この声に対しては、その意味を十分くみ取らなければならぬが、同時に、国民諸君を甘やかしてはならぬ」（『政治覚書』）と報告した。ここらが、一言多い、西尾節である。

これは、一九五七年に石橋内閣ができるとき石橋が、「国民のご機嫌とりはしない」といったこと。あるいは、一九五〇年に池田勇人が大蔵大臣のとき、「貧乏人は麦を食え」と言った発言に通じる。現代の小選挙区制とマスコミ報道によれば、いずれもアウトであろう。

左派の謀略で倒れる

片山内閣は八ヵ月の短命で終わる。倒したのは、社会党内の左派の「陰謀」である。西尾は「謀略」と言い切っている。左派の鈴木茂三郎が予算委員長の特権を悪用して、政府の出した補正予算案を否決したのである。休憩を利用して、自由党など野党と連絡し、社会党や民主党の議員の隙を衝いて議決した。この謀略で、西尾はこれでは連立他党に申し訳が立たず、連立の続行は無理と判断し、渋る片山総理に総辞職を求めた。この謀略に、党内では西村栄一（のちの民社党委員長）が怒り、「鈴木を除名せよ」と迫った。

この謀略について、読売新聞記者だった田村祐造は「左派の陰謀」（『戦後社会党の担い手たち』）と断定するが、飯塚繁太郎は「〝左派の謀略〟だったことは間違いない」と言いつつ「西尾にも含むところがあったのでは」という留保付き。だが、それは説得力があるとは思えない。

しかし鈴木は生き残り、内閣は潰れる。これは鈴木独りの「謀略」ではありえない。とくに党内左派は約七十名といわれた「五月会」に所属し、内閣に批判的だった。この五月会の事務局長は松本健二。共産党の徳田書記長の側近伊藤律の配下で、特命を帯び社会党に潜入していたのである。これは彼が『戦後日本革命の内幕』という自著で明らかにしている。

この陰謀説を共産党側でも認めている。共産党の財務部長だった亀山幸三は、「片山内閣は、結局、五月会の反乱によって予算委員会の採決に敗れ退陣するのだから、松本の果たした役割の大きさがわかろう」（亀山『戦後日本共産党の二重帳簿』）と書いている。

つまり、共産党、社会党左派という謀略で片山内閣は潰れたといえる。そしてもう一つは、さらに裏ではソ連共産党、コミンフォルム（コミンテルンの後継）が操っていたという見方は否定できないであろう。

以後、社会党でも、左翼でも、野党でも、「片山内閣」は罵詈雑言《ばりぞうごん》。あんな連立はいかん、保守との連立はいかん、となる。政権問題はタブーとなる。

最近、社会党本部などにいた高木郁朗の『戦後革新の墓碑銘』を読んだら、社会党時代、幹部に政権のことを聞いたら、そんな話をするな、と言われたと書いてあった。「社会党史」を読んでも片山内閣は批判だけである。

とくにひどいのは民社党が結党したあとの社会党史である。

片山哲内閣

『日本社会党二〇年の記録』によれば、片山内閣は「占領軍の政策転換の道具として振り回され、資本の擁護者、労働攻勢の防波堤…後に続く保守長期政権をゆるすおおきな母体ともなった」と、酷評。

『片山内閣』を書いた元毎日新聞記者で評論家の松岡英夫はこれに猛反発。「保守長期政権の誕生は片山内閣とは無関係、とんでもないいいがかり。……それは要するに、木原実を含めた社会党全体の〝無能〟にある」と。木原とは「二〇年の記録」の執筆者である。長年、社会党番の読売新聞記者だった田村祐造も「私が長年疑問に思ってきたのは、社会党員の片山内閣に対する評価である。……率直にいってずいぶんんと思い上がった表現だ」（田村『戦後社会党の担い手たち』）。

ついで元朝日新聞記者の石川真澄の分析。「後になっても社会党内には当時の条件を冷静に見ようとする態度がついに戻らなかった。……党のいわば正史である『日本社会党の三〇年（一）』でも、片山の思想に対して～プロレタリアートの階級的支配の確立、といった考え方はまったく見られない、と非難の調子」（石川『データ戦後政治史』）という具合である。

西尾もいう。もし保守政権ならどうなっていたか判らないことをやった、と。

片山政権は多くの制約、障害の中で、いくつか日本の民主政治を前進させた。西尾も回顧する。

「何しろ期間が短かったので、大した事績も残さなかったが、それでも、民法を改正して、これまでの家族制度を廃止し、刑法を改正して不敬罪、姦通罪を廃止。その他、公務員法、警察法改正をはじめ、石炭の国家管理、食糧危機突破対策、物価と賃金の悪循環を断ち切るための一八〇〇円ベースの設定など、いずれも相当厄介な問題ばかりであった」（前掲書）

二・一ストに反対

この内閣ができる前で、触れておきたい問題は、一九四七年二月一日に予定された、いわゆる二・一ストである。

この時期は戦後の危機で、食糧難、インフレ、失業が荒れ狂った。共産党は、革命機運を煽った。「八月に、『吉田反動内閣打倒、人民共和国政府樹立』をめざして、ゼネストに農漁民一般市民を巻き込む闘争方針を共産党は決議し、産別会議（共産指導）を一七単産、一六〇万人で結成し、運動の中核とした」「一二月一七日の『生活権確保、吉田反動内閣打倒国民集会』は数十万を集め、……よく一月一五日、産別、総同盟など三三団体、六〇〇万人を包含する全国労働者組合共同闘争委員会（全闘）が結成され、三日後に二・一のゼネストを決定した」（五百旗頭真《いおきべまこと》『占領期』）。

ここで吉田はこうした動きを「不逞《ふてい》の輩《やから》」と非難したから、火に油を注いだ。吉田はこの危機を乗り切るため、西尾を連立政権に取り込み、労働攻勢を抑えようとする。しかし、西尾を取り込むため、「実は、君は公職追放の可能性がある」と脅しをかけた。この汚い手に、西尾は猛反発する。「連立の話し合いが暗礁に乗り上げると急に資格問題（注、公職追放）を持ち出す吉田氏の態度に対し、私は直感的に疑問を持った」（『政治覚書』）。前掲の著者は「西尾はしっかり者である。脅しめいた言葉で動揺するどころか」逆だったと語る。

これで革命前夜のようになる。事実、このストは政権転覆まで目指すものだった。共産党系の産別会議は、政権転覆を目指すと公言していた。

「目的は明らかだった。二・一ストは経済的条件闘争から革命的政治ストに位置付けられた。吉田内閣打倒から民主人民政府の樹立である。松本治一郎を首班に、徳田球一内相、野坂参三外相、土橋一吉逓相……などの〝民主人民政府〟の閣僚名簿がまことしやかに流れたのも

このころだ」（田村、前掲書）

年頭には檄をとばす。「われわれは革命の年として一九四七年の幕をひきあける。……用意はよいか、前進だ、民主主義革命の年一九四七年」（『日本労働組合物語・戦後1』）。

西尾は、これに断乎反対する。「ゼネストは凶器だ。相手を切ることが出来るかもしれないが、同時に、自らも傷付く村正の妖刀のようなものだ」と。

この発言に共産党系は噛みつく。日本社会党は賛否が割れるが、一月二十三日の中央執行委員会で「ゼネストは絶対に回避」と決める。しかし左派の鈴木、加藤、荒畑、黒田、野溝の五名は反対。だが、この頃はまだ、右派が優勢だったのである。

思い起こせば、産別会議は、GHQが作ったものだ。総同盟など戦前から続く労働運動を潰すためだ。

「産別会議の結成については司令部の積極的援助があったに違いない。マ司令部労働課の態度は西尾や松岡につめたく、徳田に好意的だったことはたしか。当時の労働関係のことは、カピンスキー（ロシア人の二世）らにまかされ、総司令部上層部はタッチしなかった模様である」（中村菊男『戦後民主的労働運動史』）

二・一ストに対する西尾の毅然たる態度は多くの人に注目された。

まず、河村勝がいる。彼は、国鉄の最高幹部（常務理事）だったが、民社党に入党し、政審会長などの要職を担う。彼は入党動機として、ゼネスト騒ぎの時の西尾の毅然たる態度に感銘したので、と述べている。

中労委（中央労働委員会）で二・一ストが論議されていたとき「労働側委員の西尾先生が立って、ゼネストは凶器である。みだりに使ってはならない、といわれました。使用者側委員ですら満足にものをいえない時に、それを言われたので、こんなに偉い人がいるのか、と感銘を受け、以来、西尾先生に傾倒」（週刊民社編『顧問登場』）という。それくらい迫力があったのである。

河村は、新潟管理局長時代に国鉄労組ストに対抗し、国鉄労組の民主化運動の契機を作った。新川敏光北大教授は『幻視のなかの社会民主主義』で、新潟闘争を特記している。「（国労の）新潟地本は、広島地本と並び『革同王国』といわれた急進的な地本であり、国労本部の方針に逆らって世界労連加盟を決定するなど、突出した動きを見せていた。新鉄局長河村勝はこうした新潟地本の体質を変えるために乗り込んだといわれる人物。……新潟闘争は、国労に大きな傷痕を残した。たとえば闘争の最中に貨物の停滞に怒る農民がムスロ旗をたてて新潟地本に押しかけるという事件が発生する」と。国労はここからほころびる。

左派の一匹狼に、荒畑寒村がいる。共産党からアナーキストをへて戦後は一時、社会党の代議士だった。彼も二・一スト前夜の中労委での話を残している。毎日のように中労委に労働組合が押しかけていた。西尾が行くと数十人の労働者に取り囲まれた。

労働者代表は「君は、ストライキをやっちゃいかんというのか」と西尾を詰問。西尾は平然として「そうです。やっちゃならんのです」と答えた。当時の形勢の中で、「殊にこの集団的威圧の下で、平然としてしかも断乎として、こう答えるのは少なからず勇気を要する。左派だなんていってる連中に、これだけ勇気のある者が幾人いるだろうかと、私はそのときひそかに感じた」（荒畑『寒村自伝』）と書いている。

社会主義協会の重鎮だった高橋正雄九大教授も、この場に居合わせていた。「ストをやろうとする人々が大勢で中労委に押しかけて来る。文字通り殺気だっている。誰もそれに立ち向かう人がいない。その時、西尾さんは平然として、『そんな無法な事は寄せ』といいはなった」（「革新」一九八一年十二月号）。

ゼネストは結局、マッカーサー声明で中止になり、危機を脱した。GHQの共産党に対するそれまでの甘い姿勢は明らかに一変した。そのドタンバで西尾と徳田が激突している。「中労委では『説得にいくといってでかけておきながら、逆に、アジりまくるとは何ごとだ』と烈火のごとく怒る西尾と、それに反論する徳田とがあわやつかみかからんばかりにやりあっていた。ほどなく真っ赤な顔で飛び出してきた徳田は『もうこんなくさった連中を相手にしていてもしょうがない。帰ろう帰ろう』と歩き出した」（連合新書1『ものがたり戦後労働運動史I』）という一幕もあった。

もう一つは、官房長官時代の逸話。

当時、食糧難や雇用不安で荒れていた。労働組合の連中が毎日のように総理官邸に押しかける。総理に代わって、何時間も応対させられる。その中で、官公労の幹部が「あなたは、かつての労働運動者ではないか。もっと労働者の立場に立ってやってもらわねば困る」といったのに西尾は開き直る。「君たちは思い違いをしては困る。いま面接しているのは労働運動者西尾としてでない。諸君らを雇っている国民の代理者として会っている。私は雇主で、諸君はいま雇主としての西尾に会っている。思い違いをしては困る」（前掲書）とやり返した。ここまでやり返す人はいただろうか。

西尾の「勇気」の素は何か。西尾は「自分はいつも信念に対し正直であり、勇気をもって対処した」（前掲書）と語っている。

片山、曽祢との関係

ここで、西尾と片山、西尾と曽祢益《そねえき》らの関係について言及しておこう。

西尾と片山の関係は微妙だ。西尾は「片山さんの任務は十字架を担いでいく、私の任務はその後ろから斧を担いでいくことです」（福永文夫『戦後日本の宰相たち』）と、言ったという。さしずめ、「義経と弁慶」もしくは「三蔵法師と孫悟空」か。委員長と書記長、総理大臣と官房長官の関係だが、二人の性格、タイプなど全然違う。共通点と言えば、安部磯雄を崇拝し、社交嫌い、派閥を作らないなどか。

しかし、西尾は苦労した。総理秘書官をした池田禎治はいう。「片山は近衛文麿と同じく、自分では何も出来なかった。片山さんはちょっと何かあるとすぐびっくりするが、西尾さんは職工あがりで小僧の時から使われてきているから、当たり前と思い、愚痴も言わない」（池田『政界秘帖』）。

年末になっても総理周辺の下働きの人々に何もしようとしないので、西尾がいろいろ面倒を見たという。政治評論家の阿部眞之助は、西尾は、片山の「無銭遊興の身替り」を払わされた、それが贈収賄事件につながったという（阿部『戦後政治家論』）。

西尾は子息の又右衛門に言ったという。「党の書記長などというのは住職と同じで、寺を維持するため、お布施をいただくんじゃ」（江上照彦「西尾末広伝こぼれ話」『改革者』一九八五年一月号）と。そんなものか。

ここでいう事件については後述する。しかし西尾は支えたのである。ちなみに、片山と芦田均は東大の同級生、戦時中では、反東条派の衆議院会派「同交会」で席を同じくする。その前に、斉藤隆夫の除名事件では、片山、西尾らの社大党社民系とともに芦田も除名反対の態度をとった。共通項があった。

西尾は内閣作りで苦労をする。一番は官僚とのパイプづくりだったろう。まず官房次長捜し。GHQとの交渉係は重要なポスト。迷った末、民政局のケージスが推薦したのが、吉田茂外相と衝突し左遷されていた曽祢益である。これがヒットし、西尾・曽祢の名コンビができる。

曽祢と西尾の関係は、ただごとではない。西尾が逝去したとき、曽祢夫人の曽祢春子も一筆書いている。「男が男に惚れると」という見出し。「あの頭《ず》の高い曽祢の西尾先生に対する傾倒ぶりは驚くべきものがありました」という。そこで池田禎治が新聞記者に語った言葉を引用している。

「一般に女に迷って男が道を踏み外すというが、そんなものは長くても三年で飽きがくる。しかし男が男に惚れるという事の危険性は曽祢の例を見ればよく分る。西尾さんのおかげで優雅な外交官生活を棒に振り、未だに選挙であくせくする苦労をしておる」（「革新」西尾追悼特集号）。

曽祢益

しかし内政担当の次長が決まらない。鉄道省次官の佐藤栄作、大蔵省次官の池田勇人に断られる。もしどちらかが受けていれば、戦後政治の枠組みが変わったかもしれない。佐藤は兄の岸信介と相談した上でのことだった。しかしその後、佐藤と西尾はもう一人の官僚を挟んで毎月一回情報交換をしていたという。それくらい片山内閣には情報がなかったのである。結局、内政を仕切る次長の選考には行き詰まり、地元大阪の人物を当てたが、事務次官会議を仕切るような人物ではなかった。

平野問題

ここで平野問題について言及しておく。片山内閣の平野力三農相が罷免《ひめん》された事件である。平野は、社会党結成の三人男の一人である。しかし、戦前、「皇道会」などの組織に関与していた〝古傷〟があった。公職追放の対象になる可能性があった。片山内閣では、重要な人物なのでとGHQを説得し、入閣した。ところが、彼は、叔父が保守党の議員、その上、吉田茂と近く、「自由党と密接な連絡をとり、絶えず自由党寄りの連立工作を出してきたのも平野―吉田―ウィロビー（G2の最高幹部）という線に強く影響されていたものと思われる」（「覚書」）と、西尾も書いている。

GSのケーディスは平野を追放せよと、片山総理に迫る。しかし片山は口を濁す。結局、総理の罷免権で追放という最悪の事態を招いた。恨みを一身に浴びたのは、またしても西尾だった。

第十章　芦田内閣と二つの事件

片山内閣が「左派の謀略」で倒されたあと、「芦田内閣」につなぐ。西尾は、休養を望んだが、社会党として、片山か西尾の入閣は避けられず、芦田は西尾に手紙を書いて助けを求める。西尾も観念し、結局、「副総理」で入閣。部下が一人もいない閑職である。それでも社会、民主、国協の三党連立の枠組みを維持した。

後になって、社会党は執行部が左派独占となると、片山・芦田内閣を誹謗するが、当時は左派も芦田内閣を支持した。荒畑寒村を除いて、左派も政権維持を望んだ。だから、左派から、加藤勘十が労働大臣、野溝勝が農林大臣に入閣したではないか。

なによりGHQは中道政権の継続を望んだのである。吉田自由党を「保守反動」勢力と思ったからだ。

GHQの内部抗争

しかし盤石と思われた、その政権基盤が崩れだした。それは国際情勢の激変と、それに連動したGHQの方針転換である。米ソ冷戦の始まり、中国での共産政権の樹立、朝鮮戦争の勃発と在日米軍の介入、マッカーサーの解任と続く。その前に、GHQの中で権力をふるってきたケーディスらのGS（民政局）が凋落し、G2（参謀2部）が戦時体制で一挙に権力を握った。

これは国内政治にも顕著で、G2は保守派の吉田自由党と結託し、GS支持の中道派の芦田政権潰しにかかった。日本をアジアの共産主義の防波堤にする意図である。

そこでGS潰しのやり玉にあがったのがケーディスで、彼は失脚する。マッカーサーは、GSとG2の権力闘争には距離を置いていたようだ。ただし、そのマッカーサーも周知のようにトルーマン大統領によってクビになる。

ケーディスは女性とのスキャンダルにつけ込まれ、日本を追われる。これで「中道政治」の軸は崩れた。五百旗頭真（のちの防衛大学校長）は『占領期』という著書で、占領政治は、吉田・マッカーサーとケーディス・西尾の対決だったと書いている。

昭電事件、土建献金事件の真相

芦田内閣は、突然の「昭電事件」の〝大疑獄〟事件で、総理、副総理らが一斉逮捕で、崩壊する。いまとなれば、この事件が〝中道政治〟潰しの大謀略であったことは明白である。

その前に、西尾を窮地におとしめた二つの〝事件〟について触れなければならない。

事件はいずれも、一九四八年に起きた。西尾五十七歳、副総理時代である。ここから急転直下、奈落の底に突き落とされ、身の潔白が証明されるまで、なんと十年間を棒に振る。政治家として一番油の乗る十年を鬱々《うつうつ》として過ごしたのだ。西尾の悲劇であり、日本政治の悲劇と言わざるを得ない。

まず「土建献金事件」である。社会党書記長、片山内閣官房長官として、西尾は金のやりくりに苦労した。なにせ片山は、仙人みたいな人で、みずから何もしないのは前に書いた通り。西尾がいろいろ苦労した。そんな折、いくつかの政治献金を都合してもらった。

その一つに土建業組合からの献金があった。土建業界は共同で三百五十万円を集め、これを自由党、進歩党、社会（西尾書記長）党に献金した。しかし、土建業組合としては、社会党には左派がいるので、「西尾や松岡を援助する」という意味で西尾書記長に渡した。また「右派」の森戸辰男への援助もと付け加えたという。五十万円だ。当時、政党への寄付は届け出が義務づけられていた。自由、進歩両党はそのまま届けられたが、西尾は「右派へ」の条件付きなので、この基準に当てはまらないと届けなかった。

そこで、西尾は年末だったので、すぐ右派の同志らに郵便などで細かく送金した。西尾の『政治覚書』にその明細が載っている。森戸辰男を先頭に細かく配布している。三十八名に合計四十五万三千円だ。西尾の残金は四万七千円である。

ところが、政党への政治献金なのに届け出がないと訴えられる。

西尾は「書記長である西尾個人への献金」だ、といった。これがのちのち、話題となって、面白おかしく揶揄《やゆ》された。しかし左派へは渡してくれるなという注文付きだから、西尾の発言は言い逃れでなく、スジが通っている。私が知る限りでも、民社党時代に、「これは委員長の交際費として使ってほしい」という条件付きで某産別から政治献金があった。これも同じような話だろう。

いずれにしても土建献金は「贈収賄」「疑獄」とは無関係の形式犯、届け出が必要だったかどうかである。結局、六月に起訴され、八月には「無罪」となるが、副総理は辞任に追い込まれた。政治的な失脚である。一審、二審、最高裁といずれも無罪である。

次が大問題になり、芦田内閣崩壊になった「昭電事件」である。これで西尾は十月にいきなり逮捕。小菅拘置所に三十五日間収容。自ら作った社会党から除名。さらに、手塩を懸けて育ててきた総同盟からも除名という、人生最悪の年となった。加えて、翌年の総選挙でも、西尾は潔白を証明するために、あえて出馬するが落選。西尾は、晴れて無罪が確定するまで、約十年間苦しむのだ。

昭和電工事件とは、今日では、GHQのGSとG2の権力闘争で、GSが追い落とされた事件という見方が、ほぼ定説になっている。それに芦田内閣が巻き込まれ、潰されたのだ。たとえば「芦田内閣退陣、昭和電工疑獄事件」(『歴史読本』二〇〇九年十一月号)を書いた林信男は、「実はこの事件は、GHQの、民政局とG2(参謀本部第2課)との勢力争いが反映されたもので、社会党やリベラル派を政権の座から追い落とすべく、G2によって仕組まれたものであるというのが、定説になっている」と書いている。

G2の指導者ウィロビーも「社長・日野原は約七〇〇〇万円にのぼる金品を政界、官界および占領軍筋にばらまかれたのであるが、これを摘発したのは、主としてほかならぬＧ２であった」（『知られざる日本占領』）と述べている。日野原が使った機密費、使途不明金の大部分はヤミだ。ＧＨＱの民政局や経済科学局方面に流れたことは間違いない。

事件のあらすじは、こうである。食糧増産に欠かせない化学肥料のメーカーである昭和電工が、当時の復興金融金庫から特別融資を受けるべく、政府要人に金をばらまいたという〝疑獄〟事件である。

しかし、西尾には請託をうけるべき職権もなかった。西尾に対する容疑は、昭電事件をもみ消すための対社会党工作にからむ収賄というものだった。

西尾は、この事件について怒りをぶちまけている。

「昭和二三年に捜査が開始されてから、昭和三二年（これは三三年の誤り、筆者）、第二審の無罪判決がでるまでに約九年（一〇年の誤り、筆者）、更に一、二名の被告の最高裁判決が下った昭和三七年までを通算すると、実に一四年の長日月を要した事件であった。弁護団は一四四人、一審の記録調書だけでも六万ページにのぼり、この間に検挙された被告の数は前総理一人、現職大臣一人、元大臣一人、国会議員九人、元国会議員三人、官吏一三人を含め計六四人にのぼる。この事件のために、一つの内閣がつぶれている。しかし、これほどおおがかりな事件であったにもかかわらず、判決は被告のほとんどが無罪、一部執行猶予、実刑なしという結果となって現れ、まさに大山鳴動ネズミ一匹というか、空中の楼閣というか、まことに不可解な事件として、後世に話題を残している」（西尾「西尾末廣の政治覚書」）西尾は、昭電の三億円を越える使途不明金などは「昭電の日野原社長がＧＨＱの係官を買収するために使った金と考えるほかない」。しかし、ＧＨＱからは金の話は何も出ない。取り調べもない。ＧＨＱ内部で抗争したが、肝心の話は口封じだ。逮捕も取り調べもない。占領下の事件で、占領軍には累が及ばない。

西尾は「当時の日本の検察陣がともすればＧＨＱへの媚態と、自分自身の一種の功名主義ないし正義感から、これに迎合して動いたということはありえないことではない」と推測している。

とんだとばっちりで西尾は政治生命をほとんど絶ちきられ、また芦田内閣は汚職内閣の汚名を着せられて崩壊した。芦田自身は、昭電とはまったく無関係であったが、引っかけられた。悲劇である。のちに総理となる福田赳夫も大蔵省主計局長で逮捕されたが、これまた無罪だった。

無罪判決では、裁判長は、西尾の潔白を強調している。

「西尾の性格は清廉、潔白で、迎合、追従の才がなく、熟慮断行の人で、とりわけ諾否を明らかにする点に特徴がある。……金銭にも恬淡な性格である点について……の証言によって指摘されている通りである。……西尾が本件請託を受諾したとする検察側の論拠には、説明が十分でない憾みがある」（「政治覚書」）と述べ、西尾の性格をベタ褒めしている。こんな判決文はそう多くないだろう。

日本共産党は、この〝無罪〟が面白くないようで、「事件は、一〇年後、ウヤムヤのうちに東京高裁が無罪判決をしました」（日本共産党「民社党の体質」）と悔しがる。

なお、ここで悲劇の役者になった、西尾と芦田の関係について触れておく。

有名な「芦田日記」を読むと、彼が一番評価していた政治家は西尾ではないかと思える。西尾の見識、手腕をベタ褒めしている。

「西尾君は社会党のピカ一であり、頼もしい人柄であるから今日も私は同君を励まし、自分の支援を約した」（一九四八年六月十二日）、「実際今日の政界において西尾君は第一人者である。彼は党の利害以外に国家の大局を忘れない。頼みになる人物である」（同年、七月七日）、「西尾君と政局談をしたが彼と話すことはいつも愉しい。得るところもある」（一九五四年十月三十一日）

西尾も『西尾末廣、想い出の人』で、芦田を英国紳士風で、高く評価している。自分のところの片山哲以上である。西尾と芦田にはお互い信頼するものがあったのであろう。その意味でも、占領下の片山、芦田の連立政権は、実は西尾、芦田の連立政権だったともいえよう。

第十一章　苦節の十年と現代に生きる西尾節

西尾は「百折不撓」という字と、「以和為貴」（和をもって貴しとなす）という字を色紙によく書いた。「百折」は実感の言葉。西尾の人生そのものである。

この言葉で連想するのは、かのマックス・ウェーバーの『職業としての政治』での名言であろう。「政治とは、情熱と判断力の二つを駆使しながら、堅い板に力をこめてじわっじわっと穴をくりぬいていく作業である。……断じて挫けない人間。どんな事態に直面しても『それにも拘わらず！』と言い切る自信のある人間。そういう人間だけが政治への『天職《ベルーフ》』を持つ」。西尾の生涯は、そのものずばりではないか。

これに対して「以和為貴」はどうして書いたのか。はっきり判らない。社交嫌いの西尾が自戒の念をこめて書き出したのであろうか。

西尾はこれまで、五回も「除名」や「統制処分」を食らっている。二回「起訴」「収監」されている。五回の処分とは、一九三七年国会で「スターリンのごとく」演説で除名。一九四〇年には斉藤隆夫の国会除名に反対し、社大党を除名。一九四九年には土建献金事件と昭電事件で、社会党「除名」。同事件で、総同盟も「除名」である。また一九五九年社会党大会で除名は免れたが、「統制委員会付託処分」だ。日本共産党の獄中組を別にすれば、こんなにひどい目にあった政治家を知らない。

社会党内の対立抗争と分裂

揮毫する西尾末廣

　日本社会党は、内部矛盾が破裂して、分裂を繰り返す。一九六〇年には民主社会党の結成となる。その前に、結党三年目の一九四九年に党再建をめぐって、右派と左派が激突した。対立は簡単。右派の民主社会主義に立つか、左派のマルクス主義に立つかである。この二つが同居して社会党は結党したが、やはり無理があった。

　芦田政権崩壊後の選挙で、社会党は、大惨敗。「再建論争」になる。左派はマルクス主義に立つ党づくりを提案。右派は、民主社会主義化を提案。いわゆる「森戸・稲村論争」である。

　この論争について、読売新聞記者の田村祐造は「稲村の議論には私はとうてい承服できない」と断言する。

「議会主義にのっとり暴力革命を否定しながらも、民主主義勢力でない者が議会にある場合には、それを力によって放逐することもやむを得ない、というが、民主主義勢力であるかいないかは、誰が認定するのか。その認定を『国民』に任せたのが、代議制民主主義ではないのか」（前掲書）と。当然の怒りである。

これは結局、一九五一年には、講和条約・安保条約の批准をめぐって右派は荒れる。三月二日読売新聞は一面で取上げる。中執で右派グループを代表して曽祢益が修正案を出す。①国際的侵略には国連のもと集団的に協力する②社会党のいう講和三原則は絶対的中立、無防備日本を意味しない③国連に安全保障をゆだねる以上は、国連の軍隊の駐屯、軍事施設の供与は当然、というものだ。この時期、朝鮮戦争で空理空論ではすまないという主張だ。

同じ紙面に西尾発言が載る。①講和条約が成立して独立国になれば再軍備は絶対必要だ②（戦前）軍隊が無謀な戦争をしたのは軍備をもっていたからでなく、軍の性格が軍閥だったからだ。シビリアン・コントロールが必要だ③自力自衛が困難な場合は、必要に応じ日米防衛協定または地域集団保障がいい④現行憲法は敗戦直後にできたものだから講和後は全面的に再検討する必要がある、と。見出しは「〝再軍備は必要〟西尾氏表明」とある。この時期、西尾は社会党を除名になったままの一匹狼。一九五三年にようやく右派社会党に復党がみとめられるという苦難の時期である。それにしても、問題の核心を突き、改憲と再軍備を公然と主張するのだから、凄い。ドン・キホーテか、孤高の超人である。

社会党は結局、両条約反対で中ソ寄りの左派は全面反対。右派は、講和条約賛成。そこで左右に分裂した。右派の中でも、曽祢益、西村栄一は両条約賛成で頑張ったが、日労系右派の浅沼稲次郎書記長に口説かれ、安保条約には反対で右派がまとまる。しかしこの論争は、米国を中心とする自由世界に日本が身を置くか、それとも中ソ共産主義陣営で生きるか、という論争であった。

そこで、左右社会党は分裂。

背景には、総評の集団的な社会党への介入がある。党大会で左右が対立したときも、「大会に乗り込んだ高野実、太田薫、岩井章など総評幹部が『分裂を怖れず闘え。総評の組織と資金を総動員しても支援する』と左派代議員を激励した」（飯塚『結党四〇年・日本社会党』）という。社会党がその後、「総評政治部」といわれたゆえんだ。その八年後、西尾が党大会で集中砲火を浴びたのも、同じ構図である。

右派社会党の理論的出発点は明瞭だった。

一九五二年の党大会で党の性格・政策の七原則を決めた。第一は「民主社会主義の理念に立脚する」、第四は「社会主義インターと提携」、第五は「労働戦線では国際自由労連への加盟」などである。政党では社会主義インター、労働運動では国際自由労連、だ。

畏友の間宮悠紀雄・友愛歴史館副館長は、この二つは国際標準、国際スタンダードだ、という。右派社会党と全労・同盟はいずれも国際標準に合致する流れである。これは今日に続く。労働運動の「連合」はこれに合致。しかし、政治勢力はいまこの標準に合致する勢力はない。

西尾は、右派社会党で顧問としてようやくカムバックする。国会の議席は回復したものの、西尾の裁判はなお継続中。西尾の隠忍自重時代である。

ただし、西尾はじっと我慢できる人ではない。子供の頃から「口熱取り」といわれ、黙っていられない質である。

右派社会党に復帰しても、すぐやらかした。復党を認められたあとの、一九五三年一月の党大会で西尾は運動方針案に納得がいかず、修正案を出す。政権を取ろうとするなら「軽々しく、再軍備反対、憲法改正反対をいうべきでない」と、執行部に鋭く切り込む。

右派社会党の執行部は、公職追放組の河上派である。河上委員長、浅沼書記長だ。当時の朝日新聞（五三・一・二十）は、「右社、西尾修正案で波紋」の見出し。「運動方針を審議中、西尾氏は突然、再軍備反対を否定する主旨とみられる修正案を提出。爆弾的な修正案で波紋」と書いている。

西尾は「政権を取ろうとする公党は軽々しく再軍備反対、憲法改正反対を論ずべきではない。我が党は今は再軍備を差し控えるといっているが、いずれは再軍備せざるをえなくなる」といった。「再軍備」という用語の使い方によるが、現実を直視せよという直言だ。

阿部眞之助は、『戦後政治家論』（一九五四年）で、西尾の再軍備論を取上げている。それはいま文春学芸ライブラリーで読める。

「西尾はいま、再軍備論を公然と主張することにより、社会党の特異の存在となっている。再軍備が可なるにせよ、非なるにせよ、いやしくも政治家たるものが、この問題につき態度を明確にしないことは、卑怯きわまる。吉田総理が民心の動向を恐れて、心に再軍備を思いながら、再軍備反対と称し、ヤミの軍隊を製造するテイタラクなのだ」と厳しく吉田内閣を糾弾している。

結果は、この見立て通りである。西尾は、一言多いタイプで損をしたかも知れないが、政治家はいつでも国民に真実を語る覚悟が求められる。

時局研究会

しかし、西尾の裁判は続き、隠忍自重の日々だった。そこで、西尾を元気づけようとするグループができた。「時局研究会」である。東宝の馬淵威雄副社長、社会運動通信の宮内勇らが幹事役で、なんと西尾の民社党委員長就任時まで九年近く続く。委員長引退後にまた続く。言論界や財界などとの交遊の場。機関紙「時局研究会会報」も出した。

おもなメンバーは郷司浩平（のちの日本生産性本部会長）、稲葉秀三（経済評論家）、滝田実（全労会長）、林卓男（のちの毎日新聞編集主幹）ら。伍堂輝雄（のちの日航会長）、唐島基智三（東京新聞論説委員長）、鍋山貞親（政治評論家）、法眼晋作（のちの国際協力事業団理事長）、藤井丙午（のちの新日鉄副会長）らも一時いた。財界、言論界、労働界、官界の錚々たるメンバーである。西尾ファンが沢山いた。西欧流の政権交代態勢を熱望する人々だったろう。月一回の研究会と銀座のバーでの懇親。西尾は命の洗濯になったと回顧している。

「このエスポワール（銀座のバー）の思い出は、私にとって、あとにもさきにもまことに珍しい光景で、いま思い出しても、ほんとうに心暖まる楽しいつどいであった」（『政治覚書』）と相好を崩す。ダブルの背広で社交ダンスを楽しんだという。心のオアシスだった。このことを孫の安裕に聞いたが、「知らぬ」という。それはそうだろう。家に持ち帰る話ではない。

その後、民社党が結党し、苦境の時代、民社党を応援する文化人として著名な劇作家の菊田一夫が民社党を激励する詩を書いてくれたり、徳川夢声、高木東六らが名を連ねてくれたが、今から考えると東宝の馬淵副社長のお声掛かりだったのかも知れない。女優の八千草薫が党大会で祝辞を述べてくれたりしたのも、この〝東宝筋〟の関係だったろう。

社会党の統一

しかし、前述のようにして社会党は分裂。一九五五（昭和三十）年十月の再統一まで約四年間で分裂した。

ところが保守党側も、自由党と民主党の合併話が持ち上がる。鳩山ブームになりかねない。保守も、革新も、合併に拍車がかかる。合併しないと選挙で負けるという危機感である。社会党で、左派は独自の綱領を作った。いわゆる左社綱領。マルクス主義むき出し。向坂逸郎ら労農派の手によるもので、社会党政権をとれば、政権を「安定化し、恒久化する」という代物である。

「日本社会党が中央、地方を通じ、とくに中央に於いて議会に絶対多数を占める」「（社会党政権を）安定化し、恒久化する」「中央議会では安定した絶対多数の上に立って、社会主義の原則に従って憲法を改正し、基本的な産業の国有化または公有化を確立」。政権交代など認めないという書きぶり。左翼独裁政権である。

右派は反発。

しかし、右派には独自の綱領がないので、あわてて「統一綱領草案」をまとめる。当時、右派の応援団だった民社連（民主社会主義連盟）が全面協力した。具体的な起草は、河上民雄（河上丈太郎右社委員長の子息、のちに衆議院議員）と右派社会党政審事務局の藤牧新平（のちに東海大学教授）である。

このいわゆる右派綱領は、いいところも少なくない。まず前文で「国際共産主義は、新たな型の帝国主義である」と謳う。これは一九五一年の社会主義インター宣言の引き写しだ。「党の性格と平和革命の方式」の項では「日本社会党は、日本における民主的社会主義の建設を目指す政党」と、〝民主社会主義〟の旗を鮮明にした。

この草案をもって、右派は左派との統一協議に臨んだ。この統一協議は重大である。自重していた西尾は、ついに発言をする。それは「時局研究会」のパンフレットに「社会党統一問題への考察」と題した論文である。一九五四年五月だ。

「私が反対しているのは、無原理、無原則の無条件即時統一論である。……左派と右派との相違は、外交政策だけでなく、労働政策、防衛政策等においても相容れないものが少なからずある。しかも、その相違は偶然的なものではなく、世界観の相違から発した根の深いものである」「（無条件即時統一論は）統一の翌日から必ず内部闘争を起こし、果ては再分裂ということにもなりかねない」と書いた。

結果を見ると、まさにこの予言通りとなった。

左派でも、向坂逸郎が統一に反対した。

「いまの社会党は、社会主義政党の魂、社会主義革命の精神を欠いている。わが国の社会主義は平和革命によるべきであるが、それは内戦によるものではないにしても階級闘争の頂点において権力を奪取する戦いとして、組織された労働者階級を中心に農民、零細企業等の組織もあわせて結集して社会革命を遂行しなくてはならない」（「正しい綱領、正しい機構」『私の社会主義』所収）

〝内戦〟とまでは行かなくとも〝革命〟を、である。これが、民主社会主義勢力と一つになるのだから、所詮、無理な話だったのである。

しかし、勢いのおもむくまま左右社会党は統一。ここからいわゆる自社による五五年体制、不毛の対立で、政権交代のない体制が続く。

当時社会党にいて、その後、民社党に来た右派書記局幹部に聞くと、統一の日から、毎日、左派書記局員と論争に明け暮れていたという。とかく「統一」という言葉は、誰も反対できない〝正義〟の言葉の響きを持つ。しかし、これが罠である。統一は、手段であって、目的ではない。

ここで「統一」の罠について触れたい。政党でも、労働運動でも、大衆組織でも「統一」が錦の御旗になりがちである。誰も反対できなくなる。しかしこれほど危険なスローガンはない。「統一」が独り歩きをし、それ自体が目的になり、本来の目的が見えなくなるおそれがある。

共産主義者は、この「統一」を錦の御旗に、相手を押さえ込もうとする戦術を持つ。名著『共産連立政権戦術』を書いた米国の政治学者ゲアハート・ニーマイヤーは、共産党は「共通の大義」を持ち出して統一戦線戦術をとる。たとえば「ファシズムと反動」などである。その上で、「統一の価値」を強調する。これに逆らえば「協定破壊者」として「統一」が「棍棒の役目をつとめる」。「統一」自体が自己目的となると指摘する。

西尾は、上述のパンフレットの結びでこう書いている。
「かりそめにも、統一という錦の御旗を振りかざして、反対派を圧倒するが如き、封建的、又は全体主義的態度をとってはならない。かかる態度は統一の名に於いて、実は統一を阻害する結果となるものである」と見越している。百戦錬磨の達人の言葉だろう。

社会党は統一したが、主導権は左派がにぎり、鈴木委員長で、書記長は右派の浅沼稲次郎となる。西尾ら旧社民系は脇役である。

問題が起きる。一九五九年三月、浅沼書記長を団長とする訪中団がとんでもない事をした。現地で、こともあろうに、「アメリカ帝国主義は日中両国民の共同の敵」と演説したのである。現地は大受け。日本では大問題。すかさず自民党の福田幹事長に噛みつかれた。いつから社会党は中国の手先になったのか。

この前に西尾の無罪が確定する。

一九五八年の十一月に昭電事件の無罪判決が東京高裁で確定する。なんと雌伏十年。ようやくにして、眠れる獅子は起き上がる。西尾は、そこで、社会党の国民政党への脱皮を強調するとともに、安保反対なら対案をと語る。つまり①金門馬祖問題（注、台湾と中共とで領有権を争奪）に端を発する国際緊張の張本人は中共である②日米安保を廃棄するという社会党の主張は非現実的である③社会党は単に労働者だけの利益代表でなく、国民全体の利益を代表する国民政党でなければならない、と。

これは党内左派を刺激した。

そうこうしているうちに、社会党は夏の参議院選挙で「後退」。これで深刻な「再建論争」になる。

そこで左派は、党「再建」のターゲットに西尾排除を目指す。

西尾の〝壁〟は厚かった。大会直前の中央公論十月号には社会党左派の書記局幹部の中津研二が「ねわざ師・西尾末広の思想」を書く。

西尾は「集中攻撃を受けているわけだが、見ようによっては、西尾一人にオール左派が総がかりになっている」「ヒステリックな反西尾統一戦線の声さえ聞こえるが、それが成功しそうな可能性はまずありそうにない」と書いた。ところが、情勢は変わる。総評と社会党青年部が動く。

まず総評は「社会党を強化する会」をつくった。党青年部は「西尾を統制処分に」と決議。翌年に入ると八月に「強化する会」は「西尾除名」決議。九月の党大会直前に青年部が決議、と波状的に来る。

西尾排除の党大会

一九五九年九月の党大会は〝西尾除名大会〟の様相だった、と西尾は語る（『政治党書』）。なにせひどい。まず来賓の挨拶で岩井総評事務局長はいきなり、党大会の最大に課題は安保反対だ、しかし西尾は異論を唱えている。「西尾問題に決着をつけよ」（朝日新聞一九五九・九・十二夕刊）と迫る。社会党は総評の政治部だと言わんばかりの暴言だ。政党内部への干渉も、ここまで許すのか、と今さら思う。

左派が西尾に突きつけた〝反党的〟言動とは何か。五点あった。

①記者会見において安保条約を承認するがごとき発言があった、②防衛大学校での講演中、いまや社会主義と資本主義の対決ではなく民主主義対全体主義の対立であると言った、③日本と台湾の交流団体である日華協力委員会の役員に就任した、④愛知県繊維工場における職域支部の結成大会に出席した、⑤日常、第二組合の結成に尽力している、などである。これが違反行為、分派行為だというのだ。これに対して、西尾は党大会で「一身上の弁明」をする。ここからは、『西尾末廣伝』から引用したい。

「末廣は一身上の弁明ということで壇上に立ち、上着をぬぎ、一礼してから話し始めた。要旨はまず、①安保反対はよいとして、それには確固たる対案が必要であること、②講演の事実はないが、同大学機関誌に寄せた一文中に書いた指摘の如き内容は自分の信念であること、③そのような事実はないこと、④招かれて行って講演したことになんら非違（非法、違法、筆者注）は認められない、⑤第二組合運動には直接タッチしていない、ただし第二組合は望ましくはないが、絶対に否定もできないこと、などだった。そして最後に、民主主義の要諦は寛容の精神であり、反対の意見に対しても静かな心でまずこれを聞いて、公正な判断を下して欲しい、と結んだ」

この弁明を聴いた当時の右派系書記の畑昭三は、その弁明は「内容態度ともに我が生涯で最高至宝のものであった」と書いている（「かくしん」一九八七年七月号）。

西尾は穏やかに話したが、その内容は、今日でも通用する重要な中味がある。

まず日米安保条約の評価である。これに反対するだけで、対案なしでどうするかだ。安保を切って「中立」の選択があるのか、同盟より安全か？

西尾は「安保を解消するまでの手順をどうするか、それに到るまでの空白期間の防衛問題をどうするか」「（安保）改訂にも反対だ。現行にも反対だ。しからば社会党はどうするのかということが国民の社会党に聞きたいところであります」と発言。

現代、国民世論の大多数は安保下での安全を求めているが、当時の西尾の発言は勇気がいる。

全体主義と民主主義の対立という西尾の指摘は、いままさに当てはまる。ロシアのウクライナ侵略一つを見れば誰にでも判る。資本主義と社会主義の対立などの枠組みはもはやない。

西尾いわく、「資本主義と社会主義との対立は、存在するにしてもそれはいまや、第二義的であり、世界の基本的対立は、いまや民主主義と全体主義との対立に置き換わりつつある」と。いまの状況を先取りする発言だ。

防衛大学校の機関紙「小原台」に書いたものは「均整のとれた幹部たれ」だ。西尾はこれからの戦争は「思想戦」だとして、「今後自衛隊の中堅たらんとする卒業生は、技術、訓練のほかに均整のとれた思想的、理論的武装をすることを怠るな。虎視眈々と共産党が自衛隊を狙っている」というものである。

それに第二組合の件。なにせ、総評も、産別会議のいわば第二組合として生れている。「第二組合が常に良くないというような議論をなさるなら、総評にしても、そもそも産別会議（共産党系の労働団体、筆者注）の第二組合として発足したものであるという歴史的事実をどう説明するのでありますか」とやった。相手は、ぐうの音も出ない。

結局、西尾の「弁明」に誰も反論できない。大会運営委員会での採決の結果、七対四で除名決議案の本会議上程は否決。しかし、続いて、「西尾顧問統制委員会付議決議案」は賛成三十七、反対十七、棄権十三で可決された。これは除名決議案に鈴木派、和田派は同調しなかったが統制委員会付議決議には鈴木派、和田派も同調したのである。

大会の採決では、賛成三百四十四，反対二百三十七で可決。左派は西尾を除名できなかったが、統制委員会に付託となった。この結果、西尾らは大会をボイコットすることになったのは当然である。

西尾系の伊藤卯四郎、曽祢益、西村栄一、池田禎治は揃って中央執行委員を辞職し、決定的な局面を迎える。

第十二章　民社党結党

社会党では西尾排除が固まる。西尾は、これは「左派の計画的な党内クーデター」であり、「結党以来、社会党内に持ち込まれた宿命的な矛盾の最終的爆発」（『覚書』）という。「左派の計画的陰謀」といえば、前述の片山内閣潰しを想起する。またしても、やられたのである。

阿家の大評定

それでも右派の西尾派は、河上派を含むオール右派の結集で、対抗しようとする。まず「再建同志会」の結成だ。国会近くの溜池の井上ビルの一室を根城に、全国の同志に呼びかける。河上派へは伊藤卯四郎、曽祢益らの党中執が働きかけるが、河上派の動きが悪い。結局、河上派は浅沼書記長を降ろさない。河上派の役員ポストはそのままと読み取れた。

伊藤は「ずるい連中である。カンカンに腹が立ったので、今頃になって何をごまかしを言うか、顔を洗って出直してこい、と思わず怒鳴ってしまった」という。

後から見れば、浅沼は左派の佐々木更三に、次の委員長はあなただと口説かれて、さっさと右派から抜けたのだ。

西尾グループは、最後の決断をする。「阿家《あや》の大評定」と呼ばれる。東京九段の料亭、阿家に九月十五日深更、幹部が結集し、協議。新党立ち上げは簡単なことではない。国会議員は何名来るか。資金はあるか。伊藤や曽祢、中村正雄ら、党務に通じている幹部は慎重だった。新党一番槍は西村栄一だった。その夜は、おにぎりをほおばり、ごろ寝をして一夜を明かした。

渦巻いた朝日新聞謀略説

問題が急展開したのは、西尾が朝日新聞政治部長と一杯ビールを飲みながら、気楽に懇談した内容が、翌朝九月十五日朝刊一面トップにデカデカと出たことだった。新党結成論である。

「西尾氏・新党構想を語る―八幡政治部長との一問一答」で、「今秋結成を目標に、幅の広い国民政党」「社会主義守る」「衆望ある人を党首に迎えて」と見出しが躍る。

このインタビューの中で注目すべきは「同じ世界観を持つ河上派の協力を取り付けたい」、しかし「旧右社のような政党はつくりたくない」「保守にどんな進歩分子がいても、社会主義者になることはできまい。保守と私の間にはやはり越えることができない一線がある」「（社会党とは）友党関係を保っていく」。

西尾にとっては、戦争直後の新党論で保守系との合体を避けたように、保守とは一線を画し、社会党とは提携していく、社会主義をめざす、これが生涯を貫いた政治信条だった。

このインタビューは爆弾発言となる。西尾派からは軽率だと厳しく批判されるが、流れは決まった。突き進むしかない。

当時は、「朝日新聞が、民社党をつくった」とさえ言われた。朝日の論説主幹笠信太郎や論説委員土屋清などは民社党と近い社会思想研究会のメンバーだし、自社五五年体制の行き詰まりから、英国流の政権交代体制づくりに期待感があったのは事実である。

現に、新党の綱領作成では、経済部門は土屋が原案づくりに参画している。朝日出身の国会議員は保守系が多い。緒方竹虎、石井光次郎、安藤正純、河野一郎、田川誠一、篠田耕作、橋本登美三郎などいずれも自民党である。他社を圧する。

朝日新聞謀略説について、後日、担当の太田博夫記者は、以下のように弁明している（「週刊民社」一九八〇年三月二十一日号から三号連載）。

「西尾新党構想の特ダネはあまりに大きく影響しただけに、朝日新聞の意図や、私に対する憶測やデマが乱れ飛んだ」「当時の朝日の論調傾向は、六〇年安保の年の前に、与野党間の話し合いの場をつくり、議会制民主主義の健全な運営を主張し、とりわけ社会党の現実的な国民政党への脱皮を望んでいたようだ。その点、当時の論説主幹の笠信太郎氏らの日頃の論点は、民社党の考え方と似ており、西尾氏らも新党結成にあたって、笠氏など学者陣をブレーンにしたかったようだ」「朝日新聞がこれまで、どちらかといえば社会党左派を応援してきたという一般的な印象を払拭し、朝日新聞は健全なる政党政治を望んでいるのだという態度を、この西尾発言を借りて内外に示したかったのかも知れない」「（西尾氏も）朝日新聞を通じて、天下に表明することによって、同志にふんぎりを促したのかも知れない」という。面白いのは、数日後、朝日新聞に、新党結成の一助としてほしいと読者から金一封が届いたことである。

「朝日新聞は民社党の結成にある種の責任を負わされた形になり、その後二〇年間、朝日新聞は民社党をつくりながら、その後支持してくれないではないか、という苦情を聞き続けてきた」とある。少々、引用が長くなった。

西尾の初心

新党をめざす中で、西尾はなにをやろうとしたのか。その初心を側近の中村正雄に語っている（週刊民社編『顧問登場』）。

第一は、自分たちが、つくろうとする新党が存在するかぎり「日本の政局は安定する」という〝日本政局の安定勢力になる〟、そこに最低の存在価値のあるような新党をつくろう。

第二は、是々非々といっても、本当に明日の国民の幸せのために、今日、泥を被ってやる、という勇気と気迫が必要である。

第三は、議会制民主主義を堅持すること。最善がなければ、次善を求め、次善がなければ三善を求める。

「議会制民主主義」は、民社党のオハコだった。

これは党是となる。党綱領では「議会制民主主義を擁護発展させるものである。左右いずれの形を問わず暴力革命と独裁政治には断固として反対する」と明言した。具体的には、審議拒否は原則行わず、審議を尽くす。社会党のように反対の手には手段を選ばず、暴力的な阻止活動はしない。また対案を出さずに「反対のための反対」はしない。議会主義ではない共産党との共闘はしない、という立場だ。しかし、安保闘争など、与野党が激突する中で、この方針は、容易でなく、また理解されにくかった。というのも、当時は、社会党は、「審議拒否」「議員総辞職」などを多用し、自民党も社会党を抱き込む国会対策を常用した。表面対立、裏で面子を立てるという五五体制下のなれ合い政治が横行していた。

それまではひどかった。社会党の国会対策委員長を務めた山幸こと山本幸一は、得意げにその実態を書き残している。当時の福永健司国会対策委員長と相談し、「両党がどうにもならない対立をしている姿を新聞記者に見せつけようという「作戦」を立てる。

「ドアに施錠。まず大声で怒鳴り合いのケンカを始めた。それだけでは物足りないので私は腰掛けを振り上げて記者諸君が待っているドアに投げつけ、二人でドアに体当たりしたり、……茶碗や花瓶を壁に投げ、事務総長室を荒らしまくった。これで記者諸君も十分納得しただろうと、二人は憤然を装って部屋を出た。……こんな芝居も時には必要だといまでも思っている」（山本幸一『山幸風雲録』）

ついでに、安保闘争で社会党は議員総辞職戦術をとろうとした。

「親しい友人の春日一幸国会対策委員長などをつうじて民社党の根回しを行ったが、民社党内の西尾・水谷のイガミ合いにまで発展、結局、西尾氏に反発され同調を得られなかった」（同前）

春日は、山本と同じ岐阜出身なので交流があったのだ。

この自社なれ合いの国会対策は続き、自民党金丸信と社会党田辺誠の関係にまで行きつく。二人はその後、揃って北朝鮮に行き、朝鮮労働党、自民党、社会党の三党共同声明を出し、戦前のみならず、戦後も日本に責任があるというとんでもないことで合意。この声明に国会の本会議で疑義を唱えたのは、民社党だけだった。これは後日談。

以上述べたことが、西尾の原点であり、民社党の原点になる。

西尾と民社党はこのように頑張った。いまでは、「審議拒否」や「乱闘国会」は影を潜めた。ここに至るまでは、地味ながら、西尾や民社党の努力があった。

思い出すといろいろある。日韓国会では、乱闘だった。国会の廊下で、押し合いへし合い、議員だけでなく、自社の議員秘書も激突、これに国会の警備に当たる衛守も中に入るから大変。私の職場は、院内三階の予算委員会そばの控室だったので、廊下の具合をのぞきに出たら、この激突に巻き込まれ、身動きできず、ようやく脱出したという想い出がある。廊下では議員や秘書が背広を破られていた。当時は、これは日常茶飯事だった。「審議拒否」をせず、委員会審議に応じる民社党議員は「裏切者」呼ばわりされたものだ。

新党で、西尾がこだわったことが少なくとも二つある。

一つは、右派社会党の再生ではなく、あたらしい国民政党の誕生である。労働組合主導でなく、労働者、中小企業者、農業者の三本建ての政党づくりをする。

二つは、自分は党首にならず、新鮮なリーダーを他から招く、だ。そこで、森戸辰男元文部大臣や、蝋山政道前お茶の水女子大学長らに、党首就任を要請したが、所詮無理。やむなく、西尾党首になる。そこに行く前に、西尾の腹づもりがあった。

西尾安裕がまとめた『大衆政治家・西尾末廣』にメモが記載されている。遺品のなかから発見とある。それは「新党設立の順序」というメモ書きである。いろいろあるが、肝心な点を拾う。

「新党の性格」では「保守と革新の中間に位置する中間政党ではなくて、現在の世界各国の社会主義政党と同じく、議会主義・社会主義政党である。それは英国労働党、ドイツ社民党と同じ革命的階級政党から脱皮した民主社会主義の大衆政党である」。『組織と党費』では「演説会等でも帽子を回す試み」というのが可愛らしい。

「党名、党首問題」では「西尾新党は迷惑である。私が党首になる考えはない」などと記されている。これが西尾の腹づもりと思える。

新党結成にいくまで、全労会議の支援なしではあり得なかったであろう。中地熊造（海員組合組合長）、滝田実（全労議長）、和田春生（全労書記長）らは新党論で走った。

中地の弁は奮っている。新党作るかどうかの評定で、慎重論を打ち砕く。

「三二、三三人（当時はまだ衆参あわせて三二、三三名しか集まっていなかった）が一〇人になるかもしらん。またもしかしたら増えるかもしらん。やってみなければ判らんことだ。だが、これは新党をやる者の宿命じゃないか。ただし、はっきりしていることはだ、あなた方の三人や五人が増えたり減ったりしたところで日本の運命には何の関係もないんだ。民主社会主義を守ろう、ということが一番大切だ。それを実践することが第一だ」（芳賀綏『中地熊造伝』）と。何という啖呵か。

また、学者グループも大きな役割を果たした。一九六〇年一月の結党前夜に、これまで民社連（民主社会主義連盟）に集まっていたグループだけでなく、新たに社会思想研究会のグループも参加して、民主社会主義研究会議を立ち上げた。拓大講堂で党、労組、学者のシンポジウムが大々的に開催され、それが、常設の団体になる。いわゆる民社研の誕生である。これは、その後、政策研究フォーラムとなり、現在に至る。

つまり民社党は、結党以来、党・同盟（当時は全労）・民社研の三角同盟で出発しているところに大きな特徴がある。

初代書記長の曽祢益は、「英国労働党がTUC（労働総同盟）、フェビアン協会の三者が全国労働組合評議会を構成しているように、民社党も規約上ばかりでなく党の運営上大きなポイントとして、党、全労（のちの同盟）、それに民社研の三者が必ず月一回は会合して、意見を交換するというやり方を僕はやってきた」（曽祢『私のメモワール』）という。このトライアングルは委員長、会長レベルに格上げされ、解党まで続いた。

新党はまず綱領、規約を決める。

綱領は、民社研の主要メンバーの関嘉彦都立大教授がメインで、上述の土屋らが補完する。関の頭には、自ら起草した社会思想研究会綱領がある。それに一九五一年のフランクフルト宣言（社会主義インターの結成宣言で、非マルクス主義の国際的な宣言）や、結党直前には、西ドイツの社会民主党がマルクス主義と訣別し、国防まで評価する新綱領・バード・ゴーデスベルグ綱領を採択し話題になっていた。これも参考になったであろう。

マルクス主義とは別の民主社会主義の綱領で、人格の尊厳を至上の価値とする人格主義にたち、経済に計画性を導入し、勤労者の福祉国家建設をめざし、国防についても社会党流の無責任な平和主義でなく、「民主陣営の一員としてみずから国を守るため最小限の自衛力を必要とする」というものである。西尾の片腕となった曽祢益は綱領策定で「非武装中立主義を排するというのが、民社党綱領のもう一つの特徴である」（曽祢『私のメモワール』）という。もう一つの特徴は、マルクス主義や国有化万能論を捨て、福祉国家論を採ったことを指す。

しかし党内論議で、国防の件は和らげられ「自衛力」の三字は削除され、「最小限の措置」に落ち着いた。ただし、これでも、日本の戦後野党で、自衛隊の存在を正式に認めた初の野党となった。

綱領で他党からなどから批判があった。その一つは、「勤労者の福祉国家建設」であり、全国民の「中産階級化」論である。この理論の背景は、資本主義の矛盾は解消可能だという考え方だ。マルクス主義の国民窮乏化論の否定である。これは階級闘争至上主義のマルクス主義への対抗だ。

早速、社会党や共産党は、批判。「福祉国家づくり」は労働者の階級闘争意識を削ぎ、革命を否定する、と。社会党は、民社党の結成で左派が強く、「日本における社会主義への道」（いわゆる「道」）という綱領的文書を決める。そこで一章もうけ、「福祉国家政策は資本主義の延命策」だと、決めつけた。共産党も、福祉国家を作られたら「革命」は不要になるので猛反対。「北欧諸国のように、社会保障を大幅に拡大すれば『福祉国家』ができるはずだと主張…しかし〝模範的〟な北欧型『福祉国家』でも、それが『混合経済』の上にきずかれているかぎりは、社会主義社会での社会保障にくらべ、いちじるしく劣っている面が生じないわけにはいかない」（日本共産党『民社党、その理論と行動』）と言い張る。

いまも、そんなことが言えるのか。社会党も、共産党も「福祉」はタブー。それがいつの間にか、「福祉を増やせ」「福祉切り捨て反対」というのが彼らの政府批判の大きなスローガンになる。

結党時、民社党に参加した国会議員は西尾派だけでなく河上派や中間派の人々もいた。結局、新党には衆議院四十名、参議院十四名が参加した。選挙区の情勢で苦しい選択を迫られた議員も少なくなかった。

たとえば、福島の田畑金光は、身の振り方を右派の幹部・河野密に相談する。ところが河野は「総評の応援なしで選挙できるか」の一言。主義信条の話ではない。これに田畑は「選挙のためには主義信条も捨てるのか」と憤慨、「私はやはり良心に従おう」（田畑『私の半生』）と決意し、新党参加を決断。

これには背景があった。当時総評議長だった太田薫は証言している。

当時、河上派からの離党を最小限に食い止めるため総評は河上派と「ある種の政治取引」をした。「河上、河野、浅沼の河上派幹部三人に会って私が岩井（総評事務局長）と一緒に頭を下げた。『次の総選挙では最大限総評が河上派の面倒をみるから、（党に）残ってください』といったら、彼らは『判った』といって一発で決まった（太田インタビュー）」（原彬久『戦後史のなかの日本社会党』）と。田畑への河野の発言は、この密約を証明する。

もう一人、千葉の吉川兼光。浅沼の親友だ。吉川は地元が新党参加を決めるが、彼は悩んで動かない。結党直後にあった社会党大会で右派の浅沼が左派に担がれて委員長になるのを「会場の一隅から悲しく見守りながら、民社党入りを決意した」（吉川武三「父吉川兼光と民社党」）

民社党結党大会での西尾末廣（昭和 35 年 1 月 24 日）

という。友情よりも政治信条を優先したのだ。だから新党に少し遅れて参加した。

春日一幸も、早々に新党に誘われるが、「少し待て。仲間をまとめて来る」と言い残し、少し遅れて仲間を連れて参加する。新党は先行きが判らない、その中で、信念を貫き、危険な橋を渡ることは簡単ではない。いずれも勇気ある人々である。

ただ、彼らの中には、社会党流の平和主義や中立論などの考えを引きずるものもいる。議会制民主主義に徹しない社会党に反発しての脱党組も当然いる。そこが新党として難しいところであった。

規約づくりでも、議論があった。それは英国労働党をまねて、党委員長と、院内党首の二本立てを採用したことである。これがあとあと問題を引き起こす。

西尾委員長と水谷国会議員団長の二人が対立したのだ。

新党への期待感と挫折

新党の出足は良かった。国民の期待も大きかった。西尾も威勢のいい演説をした。二月三日に東京の日比谷公会堂に約二千人を集め「政権をとらぬ政党はネズミをとらぬネコのようなものであり、ナンセンスだ。五カ年以内に政権をとる計画を持っている。私が終戦直後社会党を結党してから一年半で政権をとった。国民による国民のための政治を実現するため渾身の努力をする」（「週刊社会新聞」一九六〇・二・九）とぶった。絶好調の場面である。

当時の世論調査をみる。結党直後の一九六〇年四月の毎日新聞調査。政党支持率は自民党三九・〇％、社会党一七・四％、民社党一二・一％、共産党〇・八％。「次の総理は」という質問には、岸信介一六・七％、西尾末廣一一・五％、石橋湛山一一・〇％、浅沼稲次郎一〇・二％だ。竹内洋京大名誉教授は「民社党に大きな期待が寄せられていた。だからこの世論調査の解説記事は『民社党の出現は少しずつ政界の分野に変動を与えつつある』としている。『多数横暴の』自民党や『何でも反対で実力行使』の社会党への支持が減るぶん、民主社会党の支持が増えたのである」（竹内『革新幻想の戦後史』）と書いた。

念のため、他紙も見る。朝日新聞は年一度一月に世論調査をしていた。六〇年一月二十二日付で本社全国世論調査結果を発表している。この調査は民社党結党前夜の一月十一、十二日調査だ。しかし小見出しで「新党は社党を食う」とある。民社新党はまだ発足していないが「民社クラブ」「西尾新党」などの回答を民主社会党で集計している。「社会党支持」一三％で、うち「左派」五％、「右派」九％、「どちらでもいい」九％。「社会党の支持色」八％で、うち「左派」一％「右派」三％、「どちらでもいい」四％だ。「西尾の国民政党論」に賛成四五％、反対九％。「西尾の新党結成論」に賛成三八％、反対論は一八％。この時期、読売新聞の縮刷版を見たが、それに該当する世論調査がない。

これでも判るように新党待望論は強かった。自民党と社会党による不毛の二大政党制、反対のための反対政党に堕していた社会党に国民はうんざりしていたのだ。

安保の火の粉と浅沼事件

しかし国会は、新安保条約の批准をめぐって大混乱。院外でも、連日、反安保のデモ隊が国会を取り巻く。とうとう、アイゼンハワー大統領の訪日は中止、東大生の樺美智子圧死事件などと続き、六月十九日の条約の自然成立を見届けて、岸総理は辞任した。

民社党も、振り回される。もう異常な事態。国会も荒れる。議会制民主主義を看板にし、審議拒否戦術をとらないことを宣言してきた民社党は、「与党」なのか「野党」なのかと安保反対派の世論から攻められる。

これが党内に飛び火。西尾委員長の院外での記者会見内容に現場の水谷団長や春日一幸国対委員長らが反発。良識では自民党の横暴は止められないと。

特に五月二十七日のNHK主催の三党首座談会で、西尾は「岸首相がせめて新安保条約批准前に解散するなら、（国会の）会期延長を認めてもよい」と発言したことに、水谷議員団長が記者会見で反論。「これは委員長の私見で、党としては強行採決、国会延長は認められない。審議には応じない」と言い切ったのだ。これでは無茶苦茶だ。この混乱ぶりが、あとで尾を引く。

六〇年安保は鬼門だった。いまでこそ、日米安保肯定論はどの世論調査でも圧倒的だが、六〇年安保時は、そんな事を口にできる状況ではなかった。国論を二分するではなく、一方的な戦後初めての騒動だった。

安保条約を読んだことがないものも、岸総理の強行採決は許せないとデモに参加していた。ちなみに私の姉もそうだった。あの六月十五日にズック靴を履いてデモに参加したものの、ラジオで女子学生が死んだというニュースが流れ、驚いた。もしやとおもった。安保は戦争への道、徴兵制復活への道だというデマゴギーが大学の立て看板で大書されていたのを思い出す。私は、新安保条約を読み、旧安保に較べ、米軍の日本防衛の明確化、内乱への米軍不介入など、よりましな内容ではないかと思った。

安保反対は日本中を揺るがしたことは間違いない。六月十日までに集められた反対署名は成人人口の半分にあたる千八百万人。六月四日のデモ参加者は全国で五百六十万人を数えた。三月の世論調査では、新安保を「よくない」三六％、「よい」二二％だったという（竹内洋『革新幻想の戦後史』）。国会は連日、数十万人のデモ隊に取り囲まれた。

西通用門はついに破られ、暴徒は国会に乱入した。全学連主流派四千人の中には圧死した樺美智子もいた。トランプ前大統領が大衆を扇動して議会に流れ込んだと同じような状況だった。アイゼンハワー大統領の訪日の露払いとして来日したハガチー大統領補佐官は羽田空港で暴徒に取り囲まれ、そのまま帰国。岸総理も、辞任に追込まれた。その後の話は、後で語る。

「賛成」か「反対」のなかで、民社党は苦境に追込まれた。それは、賛否のまえに、民社党は審議を尽くし、賛否を判断する、強行採決も暴力的抵抗や審議拒否もしないという議会制民主主義の立場に立って結党していたからである。

「安保問題」は実は二つ。条約に対する態度と、国会での対応の二つがある。

条約そのものに対して民社党は「段階的解消」という立場だった。改定への単なる反対は無責任。中ソからの脅威に対抗できない。そこで「段階的解消」。それは国連の機能強化や、日本を仮想敵国とする中ソ同盟条約などの同時解消などだ。中ソ寄りの非武装中立には反対。米国を中心とする自由世界で生きるというもの。しかし安保賛成、反対の両派から曖昧と批判された。十年後の七〇年安保の時期には中間的なものとして「駐留なき安保」を主張している。

一九七五年末には「安保の機能を評価し、基地整理や安保の運用強化」に踏み切った。その理由は、ベトナム戦争の終結と米国の方針転換による。米国は「ニクソン・ドクトリン」を出し、米国のアジアへの軍事介入は自助努力する同盟国に限るとしたことだ。米国の「戦争に巻き込まれる」という時代から、米国をいわば「巻き込まなければならない」時代への状況変化だ。いまでは、共産党をのぞいて、どの政党もこの流れにある。先見の明ではあったが、険しい道だった。

さて、この安保騒動が、まだ尾を引いているなかで、総選挙を控えての党首討論会で歴史的な大事件が発生した。十月十二日の浅沼刺殺事件である。日比谷公会堂での、自民池田、社会浅沼、民社西尾の三党首討論会の会場で、浅沼が右翼に刺殺されたのだ。十一月の総選挙の直前である。

曽祢書記長は思わず「しまった」と叫ぶ。この事件で、世間の空気は一変する。それまで、国会で暴力的行動を取ってきた社会党が、なんと暴力の犠牲者になる。弔旗を掲げ、暴力反対の先頭に立つ。逆に、物分かりの良い理性の党・民社党の存在は飛ぶ。そのまま総選挙突入。社会党は、民社党への脱党組を超える議員を増加、大勝利となる。この煽りで、当初期待されていた民社党候補は惨敗。四十議席が半数以下の十七議席に落ち込んだ。

社会党は二十三議席増、民社党は二十三議席減、と対照的な結果となった。民社党の初戦の敗退は、期待に燃えた多くの支持者を失望させ、党内にも動揺が走った。

政治評論家の田村祐造は「死セル浅沼、生キル西尾ヲ倒ス」というべきかと書いている（田村、前掲書）。

西尾は初戦で大きくつまずいた。この衝撃は、あまりにも大きかった。これは盛り返せるのか。

敗戦直後、西尾は代議士会で敗戦の弁を語る。その言葉は忘れられないと春日一幸第三代委員長は語る。当時は国会対策委員長である。

西尾曰く「天が大いなる使命を授けんとするや、まずその者に苦難を与えてその者の心底を試すという。われわれは今ここに天の試練を受けているのだ。断じてここで挫けてはならぬ」と。「その声は切々と震えて聞こえた」という（「革新」西尾追悼特集号）。

総選挙の敗因は何か。

第一は、なんと言っても浅沼事件の影響で、中間的、理性的な党は国民の共感を得られなかったこと。第二は、慶応大学の中村菊男教授の見解だが、民社党は「安保国会」で党内が揺れ、主張が明確でなかったことだ。もちろん、党組織が未成熟であったのは仕方ない。

第十三章　民社党の苦闘

民社党の初戦での惨敗は、大きな衝撃だった。歴史に「もし」という事が許されるなら、状況は一変していたかも知れない。それは前述した、世論調査の期待値である。春の解散なら、どうなっていたか。自民党内では、大野伴睦副総裁ら早期解散反対派が力をもっていたという。

幻の暫定首班説

もう一つの転機があったのを知るのはだいぶ後である。それは一九六〇年六月岸総理が、新安保条約の批准を見届けて辞任したときだ。結局、池田勇人に引継ぐ。しかし、その前に一幕があった。

相当時間が経ってから、当事者の福田赳夫が語り、西尾も追認した「西尾暫定政権説」である。当時福田は、岸の最側近の農林大臣。福田のヒントは、かつて彼が大蔵省から英国に派遣されていたとき、英国は国内が混乱。そこで、保守党は、なんと反対党のマグドナルド党首を引っこ抜いて総理に迎えたという話。国政混乱を救う大芝居だ。そこで、福田は岸にアドバイスをする。

福田は語る。

「(岸首相が後継首班について)君の着想は」というから「これだけ騒がしたし、あとの収拾というのは通常の内閣の交代という方式では乗り切れませんよ。西尾さんを担ごうではありませんか。西尾さんは、これは労働階級にも理解されると考えられるし、保守政界でも信頼する人は多い。西尾さん首班の内閣を作り、自民党が全面的に与党として協力したらどうか」という話をしたんです。なかなか岸さんは賛成してくれなかった。「大野君（副総裁）がどういうかな」（読売新聞政治部編『自民党の三〇年』）と。

この話には裏話がある。

福田が「ポスト岸で口説いたが」という小論を民社党理論誌「革新」の西尾追悼特集号で書いている。福田が一九五二年無所属で衆議院議員選挙で初当選したとき、西尾から声がかかり、「君にわれわれの政権の大蔵大臣を約束する」からと、入党を誘われていたのだ。お互い一目置いていたのだ。

岸の煮え切らない判断の裏には、「大野後継総裁」の念書があった。岸は警職法改正などで政権が窮地に立ったとき、自分は安保条約改定を仕上げて退陣する、あとは大野副総裁だという念書を交わしていたのだ。大野に言わすと岸は後継総裁について何と計四人に念書を書いているという。第一号は大野だ。一九五九年一月だ。岸はなりふり構わず、安保改訂に走ったのである。

ここで、少し脱線し、大野の西尾評を書く。

戦後、吉田内閣のあと、社会党が第一党になり、それに自由党、民主党、国協党の四党で政権協議をしている。社会党は西尾書記長、自由党は大野幹事長、民主党は芦田均、国協党は三木武夫という花形揃いだ。この協議で、西尾と大野がつば競り合い。結局、自由党は政権には参加せず。社会党は「左派を切れ」との難題を出したのだ。結局、自由党を除く三党で片山内閣ができる。

大野の難題に西尾は粘る。「この無理難題に対して西尾君は怒りをみせもせず、『何分にも吉田さんは官僚だから、あんなことをいわれるのでしょう。政党政治家として、左派を切るわけにいかないことぐらい、党人育ちの大野さんは百も承知でしょう。政党の運営で苦労してこられたあなたがぜひとも一肌脱いでください』。……「その腕前たるや、ねばりもあり人のこころをそらさない点で、一流だった。革新陣営で彼の右に出る現実政治家は、ちょっと見当たらないとこのとき思った」と『大野伴睦回想録』に書いている。労働争議や、政権を懸けた政党間交渉など、西尾以上のベテランはいない。

福田は、暫定首班工作で西尾に接触する。三回の会談。しかし、西尾は、ありがたい話だが、所詮無理と断る。このとき、西尾は「これを受けたら政治家として死んでしまう。私の死ぬ場所はもっと他にある。いまここで死ぬわけにはいかない」と答えたという。これは西尾生誕百周年記念講演会(一九九一年十一月二十六日)で福田が直に語った(「週刊民社」十二月十三日号)。この話は、秘書の和田は知らなかったという。

西尾には西尾の筋道があった。それは、戦後の新党づくりでも、反東条で共闘した保守の重鎮・鳩山一郎から誘われたが、歩んできた道が違いすぎると断っている。労働運動出と資本家出では、無理と。

西尾はそれくらい信用されていたが、揺れていない。社会党の村山富市委員長は、多数派の自民党にすっかり抱き込まれて総理に滑り込んだ。

それも、党議決定なしで、党是の「非武装中立」論を放棄し、自衛隊、安保条約、国旗・国歌をまるごと是認するという離れ業をした。そのショックで、社会党を去った支持者も少なくない。

西尾は、自分のおかれた状況を冷静に見ていた。吉田内閣でも再三、労働攻勢を押さえるため、吉田は社会党の西尾を入閣させようとしたが、西尾は乗らなかった。傲慢な吉田の駆け引きを嫌った。

政治評論家の遠藤浩一は、『戦後政治史論』で、吉田はなんでもやったが、西尾は「正論」はあったが、解党も辞さない「覚悟」に欠けたと書いた。これは少し違う。西尾は自分だけでなく常に自分たちの仲間の去就や政治の行く末も考えていた。自分たちの出自もだ。

考えてみると、一番自民党に近いと見られてきた民社党は、結局、自民党との連立は一度もなかった。社会党は、村山政権でどっぷり浸かり、公明党も、自民党と運命共同体のようになっている。民社が自民との連立を組まなかったのは、なぜか。一つは労働組合の関係がある。かつての大平・福田の四十日抗争でも、首班指名では「棄権」している。あの当時、やはり労働組合の同盟の理解を得ることが難しかった。

村山政権をどうして総評が認めたのか、疑問に思っていたが、最近ようやく判った。連立参加の協議のときから村山の出身労組である自治労の書記長が、べったり協議に入っている。だから、総評の壁を乗り越え、自民党との連立に飛び込めたのである。

話は戻る。

民社党が惨敗したあとの国会では、一九六五年に大きな政治テーマがあった。日韓条約の批准である。これは安保闘争に次ぐ、与野党対決問題。社共両党は「朴軍事政権をみとめるな」「南北分断を固定させるな」とばかりの反対。自民党は、これで懸案が解決し、国交正常化し、李承晩ラインによる日本漁業の安全確保ができるなどと主張。

民社党は、党内は賛否両論で揺れる。反対派は門司亮、永末英一らである。党の国会対策委員会では、西尾と門司が直接話し合えとなり、両者が顔をつきあわせて苦笑いという場面もあった。

そこで党としては韓国に調査団を派遣して調べることになる。当初は、西尾団長説だった。これは止め、伊藤卯四郎副委員長を団長とし、反対派の永末議員らも参加して出発。調査報告では、この条約を一歩前進と評価。それでも賛否が分かれ、ドタンバの国会対策委員会で、佐々木良作国対委員長が押し切り、民社は賛成した。日韓条約が、自民党一党の強行採決でなく、複数政党の賛成で成立したことは重要だった。

もし、社共のように「南北統一をさまたげるから」とか、「韓国は軍事政権だから」とかの理由をつければ、現在に至っても日韓の国交はできず、漁業権をはじめ日韓の紛争は続いていたろう。

その前に、民社党は選挙で苦戦が続いた。書記長も責任を取り、曽祢から西村栄一に交代。六三年総選挙で、ようやく二十三議席になる。六七年一月選挙で、三十議席までに回復。これで党は存亡の危機を乗り越えたとホットしたものだ。西尾は七十六歳だ。

この年、三月十七日の衆議院本会議で、西尾は、佐藤総理に対する代表質問をする。私も、立ち見で、傍聴した。

少し甲高いいつもの声。内容は、佐藤内閣の政治姿勢批判と議会制民主主義の確立、対米追随と容共路線の排除、沖縄返還方式の確立、核不拡散条約に対し日本など潜在的保有国の米ソへの監視などを訴えた。

一つの中国・一つの台湾と蔣介石

この時期、もう一つ外交問題で、民社党が特筆すべきことがある。それは台湾問題である。日中復交は一九七二年の田中内閣時代。その前に様々な動きがあった。池田内閣、佐藤内閣は台湾政府との関係を重視し、中国大陸とは敵対関係にあった。一九六四年の民社党大会で、西尾はいわゆる「二つの中国、一つの台湾」政策を委員長挨拶で述べる。

「われわれは、世界の大勢におくれないためにも中共を『一つの中国の主人公』として認め、台湾の最終帰属については『住民の意思を尊重する』という方針に国論を統一し、もっと積極的な対中国外交を展開するよう強く呼びかけたい」と。

「我々は中共問題については、中共の誤った戦争肯定論や核武装論、近隣諸国への膨張政策を厳しく批判しつつも、中共という中国本土政府の現実を直視し、これとの友好関係樹立と国連加盟に努力すべきと主張してきた。わが国は中共を『一つの中国の主人公』として認める一方、台湾の最終的帰属については〝台湾住民の意思を尊重する〟という〝二つの中国、一つの台湾〟という方針に国論を統一すべきである」と述べた。

この挨拶に呼応するように、大会の決議として「中国問題に関する決議」が採択される。内容は、運動方針ならびに委員長挨拶に述べられた如く、「二つの中国、一つの台湾」の方針の実現を目指すというもの。

この年の民社党の「政策問答集」でも、この「二つの中国、一つの台湾」について解説をし、「この議論は、今度政権をとった英国労働党をはじめ、スカンジナビア三国、フランスなどが主張しております」とある。

この方針は、日本では左右から批判されたが、国際社会では通用する主張で、社会主義インターもその方向だった。しかし、中国政府からは非難された。

問題は、その後日談である。

委員長辞任後の一九七〇年、西尾に台湾の蔣介石総統から招待状がきて、西尾は訪問。そこで、蔣介石は、「大陸反攻は私の悲願である。中国本土を共産党から必ず取り戻してみせる。日本も是非応援して貰いたい」と持論を熱く展開した。

これに対する西尾の意見がふるっている。「お気持ちは判る。しかし今となっては大陸反攻は無理である。再び中国本土や台湾が戦禍に巻き込まれ、民衆が塗炭の苦しみを味わう。大陸反攻は思いとどまっていただきたい。それより総統の卓越した指導力で、台湾に王道楽土、自由民主主義国家のモデルになるような国家を建設していただきたい。中国本土を見返すような立派な国づくりをしていただきたい。それが中国共産党への真の勝利です。そうした国づくりのためならば日本もお手伝いさせていただきましょう」

招待されたらお世辞の一つも言うものだが、迎合せず、ずばり直言である。

この会談を終えて、蔣介石は通訳に「意見の違いはともかく、西尾という政治家はいままで会った日本の政治家のなかで、吉田茂に勝るとも劣らない超一級の政治家だ」と激賞したという。これは西尾の秘書役をしていた都甲正一『男の生きざま』に出てくる逸話である。

西尾は、六七年六月の党大会で正式に辞任する。国会議員はその後も続け、当選十五回を果たして一九七二年選挙で出馬せず、引退となる。

西尾は最後の委員長挨拶の日、党大会に臨む途中、ＮＥＴ（現在のテレビ朝日）の木島則夫モーニング・ショーに出て「今日で委員長を辞任します。一つ僕の好きな〝ローハイド〟をかけて下さい」と所望し、当時人気のテレビ西部劇映画のテーマ音楽を聴きながら「さあ出発だ」と立ち上がってスタジオを出て行ったという（江上『西尾末廣伝』）。

西尾の後は、西村書記長が委員長に昇格する。議席三十名で、ようやく、党も虎口を脱した。

民社党の路線をめぐる論争

しかし、その後、政局は大きく動き出す。公明党とこれを支える宗教団体・創価学会の動きだ。「言論出版妨害事件」の発生である。藤原弘達などの創価学会批判本が妨害を受けたことだ。

民社党でも塚本三郎の著書『公明党を折伏する』が妨害を受ける。塚本は警察に言われ、身の危険を避けるため家族を一時隠したという。国会でも予算委員会でこれが問題化。民社党では、一九七〇年二月、麻生良方、塚本が厳しく追及。とくに、塚本は「創価学会池田会長を国会に証人喚問せよ」と迫り、緊迫した。

当時総理だった佐藤栄作は『日記』でも、民社の追及は「小憎らしい」と書いていた。当時の田中角栄幹事長らが創価学会の防波堤になる。

局面が一転する。

一九七〇年四月党大会では創価学会の全体主義的傾向に警戒を呼びかけた民社党が、六月十五日に西村委員長が突然、公明党を含む、社公民三党の提携による提携、統一を提唱したからである。この日の中央委員会では早速、和田春生議員が噛みついた。しかしこの野党再編の提案はその後、春日委員長、佐々木委員長と少しずつ変質しつつも、大きな流れとなる。一九七九年には、特に公民選挙協力が大きな効果を上げ、推薦含め三十七議席、公明は五十八議席とそれぞれ議席を増やす。そこへいくまで、民社党内では対立と混乱があった。まず、西尾、伊藤、曽祢ら結党時の最高幹部が、反発する。

西村の政治秘書役だった高橋正則著の『折りふしの言葉―西村栄一語録』によれば、七月に西村が定期検診をうけたあと、幹部協議となり、西尾、伊藤、曽祢らに加え、池田、佐々木らで懇談。

「席上、西尾、曽祢から批判的な意見がのべられた。特に西尾は当面社会、公明両党の統一は不可能である、との見地から反対論を厳しく述べ、『西村君に民社党をまかせておくことに不安を感じる』とまで言った。これに対し西村も所信を述べ、『同志であるならば私を信頼していただきたい』と言った。西尾も曽祢も了承はしなかったが、長老の伊藤卯四郎と書記長の佐々木良作が中に割って入り、食事を終えて散会した」。まさに政党政治の修羅場だろう。

ここに西尾の政治ビジョンが見える。西尾の目指したものはなにか。それは最終章でもう一度みる。

江田三郎と西尾

ここで、西尾と江田三郎の不思議な関係について見る。江田三郎（元社会党書記長、社会市民連合結成）は、参議院議員から党幹部にのし上がる。その契機は、西尾糾弾の急先鋒に立ったことである。一九四八年の社会党中央委員会で昭電事件に関連して西尾除名の提案演説をした。そこで、男をあげる。西尾は社会党から除名という屈辱をあじわう。また一九五九年大会でも西尾統制委員会付託の先頭に立った。

西尾の新党立ち上げで、江田との距離は一層大きく広がる。ところが、江田はジレンマに陥る。構造改革推進の旗頭に祭り上げられる。出身の鈴木派らと対立する。

江田は、新しい政治を目指し、いわゆる江田ビジョンを発表する。一九六二年七月だ。社会党のオルグ会議で日光に行ったところで発表した。社会主義の新たなビジョンとして「米国の平均した生活水準の高さ、ソ連の徹底した社会保障、英国の議会制民主主義、日本の平和憲法」である。ところが、これは社会主義を捨てた改良主義と、左派から一斉攻撃を受け、孤立化する。

この江田ビジョンが出たとき、西尾委員長は、記者同行の地方遊説中。問われてコメント。民社党機関紙「民社新聞」（十一月三十日付）では「民主社会主義に通ず」という大見出しで、リードでは「労農派理論からの脱却の意欲認める」と好意的である。

それが朝日新聞は「江田理論、西尾氏が支持」と書く。これに江田は「西尾発言は謀略」と反論。これで江田は党内での孤立化を招いたという。政治評論家塩田潮もその説を引用し、「江田殺しの必殺技を繰り出した可能性も否定できなかった」（塩田『江田三郎』）と。しかし、それはうがち過ぎ。その当時の状況について、私は、和田一仁元秘書に真意を聞いた。私の知る限り、その当時の西尾はもう枯れており、純粋な判断ではないかと思ったからだ。和田もその説で、「うがち過ぎ」で駆け引きを考える時代ではなかったという。結局、江田は十一月の党大会で江田ビジョン非難決議が採択され、書記長辞任に追込まれた。

西尾は純粋に江田に期待したのだ。期待だけでなく、江田に直接いろいろアドバイスをしていた。そのことを西尾は引退後に、時局研究会の機関誌に「御殿場清談」として連載で書いている。そのさわり。

「私の年来、描いてきた政権構想はあくまで議会制民主主義を信奉する健全な革新政党中軸とするものだ。その意味から言えば、やはり社会党の江田派、河上派と民社党との提携を中軸にするということに落ち着く」

「僕はかつて江田君に話したことがある。そのとき割る腹を決めたら断行せねばいかんというようなことを江田君に言った。……まあ江田君というのは決断力のない男だね」

江田三郎に二度も煮え湯を飲まされた西尾だったが、彼は恩讐を越えて、新しい政治の到来を夢見ていた、ということだろう。

西尾を追い出した江田は、自ら孤立無援、単身で、社会党を追放される。離党は許されず「除名」である。因果は巡る。

江田も「政権を取るには、西尾さんのように自分で政権をもぎ取って来るような人が必要なんだよ」（塩田、前掲書）、といっていたという。後の祭りか。

西尾のあとも民社党は社会党との関係を模索。春日一幸、佐々木良作は、江田にいろいろアプローチをした。毎日新聞政治部が書いた『政変』にいろいろ出てくる。

「春日と竹入、江田の三人を中心に煮詰めた新党の基礎作りであった。この実績を足がかりに『社公民新党』の機運をつくろう、と春日等はねらった。しかし江田が行動に踏み切らず、新党の企図はつぶれた。……江田の逡巡、と春日が怒り、『武士道とは死ぬことと見付けたり。キミは武士じゃない』と江田に毒づく場面があったりした」

浅沼惨劇の後、登場した江田は、輝いていた。ロマンス・グレーでソフトだった。当時のNHKなどでの三党首討論でも目立った。共同通信記者の内田健三は「池田、江田、西尾の党首座談会でしたが、そこで一番損をしたのが西尾です。池田は率直な語り口で、江田はソフト・ムードで国民に受けた。マイナスはもっぱらオールド・ボーイの西尾でした。理詰めに論争すればするほど不利を招いた」（後藤、内田、石川『戦後保守政治の軌跡（下）』）と西尾を酷評する。

たしかに江田は、これまでの社会党とは違う新鮮さがあった。三人の年の差もある。西尾六十九歳、池田六十一歳、江田五十三歳。当時の男の平均寿命は六十三歳。これだけはどうにもならない。

内田は「西尾党首で出発したことに民社党の悲劇の原因が」とまでいう。内田流のインテリには、いわば叩き上げの西尾は口に合わなかったのだろう。

ところで江田の離党問題で、社会党内右派は揺れる。塩田の前掲書によれば「社会党では、離党したものはいつも失敗している。黒田（労農党党首）さんも結局数年後に復党した。民社党もあのとおり低迷から脱し切れないでいる」と。選挙で落ちるのが怖いのだ。主義信条よりバッチを守る。これで総崩れ。民社党ができるときのような、脱党の急先鋒や必死の覚悟がみられない。これでは駄目。党から出ても、出なくても、主導権は取れず、戦いにはならない。江田を担いだ、構造改革グループは自滅する運命にあったというべきだろう。

ただ、江田と西尾には距離感があった。

江田は関嘉彦らとの座談会で「大まかな議会制民主主義とか市民社会における自由とか、それはいいんですけど、あまり国防とか外交の個々の問題まで一致がなければならんということから始めたら、これは時間が間に合いませんね。その点はもう少し大まかでいいんじゃないか」、それに「軽率に動いて民社党の不幸な歴史を繰り返したくはないと思っている」（時局研究会会報、一九七五年一月号）。本音が見える。

最後に奇遇。江田が慈恵医大に入院すると、同じ階に西尾が入院していたのを知る。江田夫人が西尾夫人にお見舞いに行く。八十六歳の西尾は寝たきりだった。江田は入院後十一日で逝去。西尾はその後退院し、自宅療養をへて九十歳まで生き、四年五ヵ月後に江田の後を追って逝去。それに、江田が党を出たとき七十歳。西尾が新党に走ったとき六十九歳とほぼ同じである。

不思議な巡り合わせだ。

第十四章　西尾の個性

西尾のことを中曽根康弘元総理は「巌のような厳然たる人」と逝去のとき言った。確かに豪腕で、タテガミがあったが、それだけではない。思いがけない側面がある。

ロマンチスト

まずロマンチストだ。

奥さんに優しい。西尾が初めて外遊したときか、〝万一〟に備えコンドームを一ケース用意していた。西尾はこれを持参して、長い海の旅に出る。しかし、インド洋でこれを捨てたという。

奥さんのフサノさんとは深すぎる関係がある。末廣十八歳，フサノ十六歳で結ばれたものの、家庭を持つことはできず、しばらく別居して生活。できた娘は、養女に出さねばならなかった。新婚生活の第一夜は、布団なしで、着の身着のままから始まった。

養女に出した子は、二十歳で病死。人生の苦悩を一身に背負ってきた。末廣が逝去したとき、フサノは「これで娘のところに行けるね」といい、孫の安裕は、末廣の人生は「長女との別離が政治家としての原点」（文藝春秋編『血族が語る昭和巨人伝』）だったという。

友人で先輩の田口幸子（元民社党国際局事務局長）から、彼女が二十歳前後に西尾委員長と一緒に撮った写真が送られてきた。西尾は寛いだ笑顔である。このときは何かの待ち時間で軽食の相手をさせられたという。

そこで、西尾は「君たちはいいな！　僕は娘を芸者にしてしまったんだよ」とぽつりと語ったという。田口はこれは他言できない話と思ったという。それに事情も知らなかった。西尾にとって娘の話は一生、胸に刺さったトゲだったのだろう。

西尾夫婦は、若くて子を産んだが、育てられず、養女に出さざるを得なかった。最初は魚屋だったが、大阪の大きな芸者置屋の女将が目をつけて、そこの養女になる。ただし将来、芸者にしない約束でだ。ところがその置屋が没落し、娘は芸者に出ていた。これを知った西

西尾末廣と田口幸子（民社党国際局）
田口幸子氏提供

尾は、友人の金正米吉（のちの総同盟会長）を案内人にして、客を装って料亭の門をくぐる。

父と名乗るが、娘は父のことを人づてに知っていた。彼はその日は前後不覚になるほど酔った。再会の翌年、娘は風邪をこじらせ、二十歳の若さで亡くなる。妻フサノも看病したが駄目だった。これが西尾夫婦にとって癒やしきれな

い深い胸の傷となる。

当時の芸妓のことを調べる。昭和初期、大阪には五千人近くの芸妓がいる。その中で宗右衛門町など南地五街は三千人と圧倒的だ。次が大阪の曾根崎新地の九百人台、東京の一番は新吉原など浅草で七百人台だ。日本経済の中心は大阪で、東京は政治都市。いまとは違う。さぞ賑やかだったろう。

大阪でも、南地が船場の旦那衆中心で、曾根崎新地は、官公庁向きの花街だったようだ。娘・初枝はここにいて、短い人生を終えた。なお当時から、芸妓は唄、踊り、三味線など芸を持つ接客で、単に身体を売る娼婦とは厳格に区別されていた。芸妓は主に関西で、関東などでは芸者と言われた。


西尾に限らず、戦前からの労働運動家や社会主義者は過酷な人生を歩んでいる。社会主義者は「泥棒」のように言われたという。労働運動も、非合法の時代だ。西尾のその後の長女が学校から帰宅する道すがら、見ると電柱に「労働者の裏切者西尾を葬れ」と書いたビラが貼ってある。彼女は腹を立てて引きちぎったが、その次も、また、その先にも電柱に貼ってある。家に帰り妻のフサノに話す。「あなたが信念のため苦労するのは当然ですが、無邪気な子供にまでこんな思いをさせるのはたまりません」（『伝記』）と西尾に迫ったという。

また荒畑寒村も西尾の悩みを聞いている。

「同じ電車に乗り合わせた西尾君からその煩悩を打ち明けられたのは意外であった。西尾君は満足な教育もうけず早くから労働生活に入ったので、中学校を出た長男にはせめて高等教育をうけさせたいが、現在のように労働運動に従っていてはそれも望めず、さればとて一身一家のために運動から退くのは階級的良心が許さない。肉親の情に殉ずるべきか、階級の義を重んずべきか、その矛盾に悩む苦衷をしみじみと語ったのである」、「私は深く西尾君の心事に同情」（『寒村自伝』）と書いている。

戦後の話。官房長官時代である。息子の又右衛門が父に手紙を出してきた。

西尾の秘書だった和田一仁が語る。「ある日、息子さんの又右衛門さんから手紙が届きました。それは、課長になったが、課員はみんな一流の大学出である。どうしてこの優秀な課員たちを指導したら良いのか教えて欲しい」と。

手紙を読んだ西尾先生は、万年筆でたった一行、『この父を見よ』と返事を書きました。これが最愛の息子に対する愛情のこもった返事でした。私は、すごいもんだな、……私もこういう人生を歩みたいものだな、としみじみ思ったわけであります」

これは、西尾の生地での西尾生誕百周年記念行事での挨拶だ（「週刊民社」一九九一・七・十九）。ちなみに、長男は学卒でなく、西尾同様、すぐ働いていた。

巌のような西尾も、人の子、悩んでいたのだ。

西尾は世間一般でいうところの愛妻家だった。西尾が投獄されたとき、妻フサノはなんと、夫宛にラブレターを獄舎に送っている。西尾は感激し、組合の機関紙「労働新聞」（一九二一（大正十）年六月十八日号）に掲載している。

「我が愛する労働の『ナイト』よ
君が愛する若き妻は
君の勇姿を見守れり
ああ勇ましき君よ
我も共に行かんか」

なんという夫婦愛か。

映画と西尾

彼のロマンチストぶりを象徴するものは、映画である。映画、とりわけ洋画の熱烈ファン。戦前、西尾はＩＬＯ（国際労働機関）会議出席のため訪欧したことは先に述べた。そのとき同行した内務官僚の北岡寿逸（のちの國學院大学教授）は「ジュネーブではよく映画を見た。当時サイレントで、字幕で説明してあった。私は英語もドイツ語も読めたが、字幕の全然読めない西尾君の方がよく筋がわかるので、私はその勘のいいのに感心した」（北岡『我が思い出の記』）と書いている。

戦後、日本経済新聞にペンネームで映画評を連載していたという。この本を書く中で、安裕に問い合わせたら、映画評を載せた雑誌のコピーを送ってくれた。「映画ファン」一九四八年一月号だ。そこで「ぼくの日本映画論」を、なんと「内閣官房長官・西尾末廣」の名前で堂々と書いている。

そこでは、邦画は洋画に較べて見劣りがする。「戦争と平和」という映画では、ラブシーンを批判している。「肩に手をかけて頬ずりするところがある。ところが、肩におかれた手の表情が出ていない。折角のラブシーンが何か間が抜けた感じになってしまう」と細かい。それと、日本映画は二兎を追うな、と書いている。なんとも、手練れの劇評ではないか。「戦争と平和」とはヘップバーン主演の名画だが、邦画「戦争と平和」というのは憲法発布記念映画の一本で、かの山本薩夫監督で、池部良と岸旗江が主演、一九四七年の作である。西尾は、加山雄三の父、上原謙のラブシーンでの手つきを批判したのだ。

ちなみに、日本映画のラブシーンは、日本民主化の一環としての占領軍（GHQ）からの指令。「戦争と平和」の一年前、一九四六年五月二十三日封切りの「二十歳の青春」で、大坂志郎だ。いま、この五月二十三日は「キスの日」と呼ばれているようである。少し脱線した。

西尾が日経新聞でペンネームでの映画評をしたというので、国会図書館に通って、約十年間分の縮刷版を調べまくった。なかなか判らない。はっきりしているのが一つあった。それは本名での映画評である。一九五一年五月二十七日付けだ。「第二の妻」という洋画。ハンフリー・ボガードが偏執狂的な画家で、新しい愛人ができるたび、妻を毒殺するというサスペンスもの。

「雨の場面がたびたび出てくるが、その手法も、カメラワークもまず上出来である。とにかく面白く楽しめる映画。佳作というところか」

これが西尾の評だ。楽しくて仕方ないという書きっぷりだ。

西尾が何度も見た映画に「モロッコ」がある。三、四回も見たという。そこで私も近くの図書館の視聴室で見た。モロッコの外人部隊と歌姫の恋愛ドラマだとは知っていたが、初めて見る。ゲーリー・クーパーとマレーネ・ディートリッヒが主演だ。一九三一年日本公開で、字幕スーパーの初の映画だという。吹き替えとは違う。それにディートリッヒの美脚に魅せられたか。ラスト・シーンは印象的だ。

西尾の個性は、「はにかみ屋」というのが、西尾自身の見方である。それに性格がぶれない。旋盤工で性格も「正確無比」だ。時間も、もちろん、だ。和田秘書らが、「しばらくお待ち下さい」とでも言おうものなら、「しばらくとは何分ですか」とやられたという。これは、前にも書いた。

有名な話は、西尾が民社党本部に行ったとき、新人の女性事務局員が受付で「どちらさまですか」とたずねた。西尾は「西尾です」と答える。女性は「どちらの西尾さんですか」。西尾は静かに「民社党の西尾です」、そこで、他の事務局員が慌てて出てくる。西尾は平然として、とがめなかった。

日常生活

西尾はまめな人物で、日常生活は規則正しい。

「朝は六時に起きて三〇分間散歩、七時には朝食をとるが、この時間にはもう毎朝必ず三組か四組の来客が応接室に通されている。どんな来客にも都合をつけて必ず面会する」「朝食はスイトンか麦飯軽く二膳。味噌汁一杯。漬物少量。昼食はパンと総理庁における副食品一皿。夕食は代用食か又は麦飯軽く三膳。塩鮭一きれ、味噌汁一椀、漬物少量」「タバコもほとんど吸わない。酒は疲れを休めるために時折チョコで数杯。寝る前にフサノ夫人と共にすするコーヒー一杯が強いて言えばぜいたくなくらい」。これは官房長官時代の話だ。幡谷藤吾『職工から大臣まで—西尾末廣伝—』にある話。

もう一つ興味深い話も出てくる。

西尾は豆手帳をいつも持参。そこに「座右の銘」として五項目が書き込まれていたという。①無理をしないこと。何ができるかを考え、可能と信じたら必ず貫徹するまで努力する。②先頭から二人目を歩くこと。先頭はとかく狙われがちだ。③自分を過信し、必要以上の価値評価しないこと。これを誤ると馬脚をあらわす。④生活にぜいたくしようと思わないこと。

清貧に甘んじて精神的な豊かさを保持してこそ国政の担当者となれる。⑤来る者は拒まず、去る者は追わざること。ことさらに子分や配下をつくり煽動すると墓穴を掘る。

これはいまでも通用する人生訓だろう。しかし「先頭を走るな」は西尾独自の人生観で、兄から教わったはずである。

西尾は、社民系の大御所である安部磯雄とタイプは違うが、共通点が結構ある。

西尾は、安部のことを「人間以上の人のように尊敬していた」と評している。親分子分とか徒党を組むことを嫌った。宴会などもしない。社交嫌い。ここら辺が西尾とそっくり。

西尾はいう。「私は生来の社交ぎらいというか、生活合理主義というか。若いときからワイワイと無意味に酒をのんで大騒ぎするようなことを好まなかった。だから組閣のときはもちろん、片山内閣在任中も、新聞記者団の招宴もやらなかったし、ＧＨＱの連中とすら、一度も食事をともにしたことがなかった。この社交嫌いは、私の一つの性格的欠点でもあることを、近ごろはチョイチョイ反省することもある」（『政治覚書』）と語っている。よくこんなスタイルで通したものである。

政治評論家だった阿部眞之助は、西尾は社会党幹部でも割りの悪い役に終始したという。「どういうものか社会党は、昔から安部磯雄のような平野《へいや》水《すい》的非政治家が、立役者に担がれてきた。右派の片山哲、河上丈太郎、左派の鈴木茂三郎、性格はそれぞれ違っていても、非政治家なることでは、共通していた。西尾のような仕事師は邪推で敵を作る場合が多く、敵が足を引っ張って、なかなか山のてっぺんに登らせなかった」「いつも眉間を割られる敵役に回されていた」（阿部『戦後政治家論』）という。「平野水」とは、兵庫県川西市平野の鉱泉からくんだ炭酸水の商標名で、その後「三ツ矢サイダー」の名称になる。

西尾の個性の功罪

ここで、西尾の個性の功罪について触れたい。

政治評論家の芳賀綏は、西尾を評して「不器用な合理主義者」と呼んだ。この評価に西尾自身も頷いたようで、早速、芳賀を招いている。芳賀は、政治心理学を専攻し、政治における理性と共にエモーション、感情を重視している。「日本の伝統的精神風土にあっては、理屈はさておき……論理的に割り切れなくても、かげりのある言動、いくばくかの甘さや弱さを感じさせる余地のある言動こそ、日本の大衆のハートをとらえるものだ。江田三郎はその要素を持った人だった」「理詰めで歯に衣を着せぬ西尾こそ、非合理愛好の情動的大衆から憎まれる条件を最もよくそなえた討論者であった」という。その上で「日本社会の〝非常識〟部分への目配りの足りなさは、民社党の限界にもつながっていたと思えてならない」（芳賀『威風堂々の指導者たち』）という。

確かに重要な視点だろう。だが、それで党勢はいささか伸びても、国家の運命はどうなるか、それを問いたい。情感に訴えることと、国家の理性、これは永遠の課題か。

第十五章　西尾イズムと残されたもの

西尾の残したものは何か。これを「西尾イズム」と呼ぶと、少なくとも以下の四点があるだろう。

第一は、国家と国民のためには「泥をかぶる」ことを恐れない。

第二は、これと関連して「日本政治の安定勢力になる」ことである。どんなに政治が揺れても、日本を支える。常に政権交代の準備を怠らず、反対のための反対という無責任な態度は取らない。

以上の二点は、側近の中村正雄が述べている（前掲『顧問登場』）。

第三は、「折れるより曲がれ」である。妥協を恐れない合理主義だ。革命主義でなく、漸進主義だ。共産主義とは一線を画す態度である。この姿勢を「西尾はいつでもソロバンを離さない」（上條愛一『労働運動夜話』）という人もいる。

少々、この本を引用する。

「何か問題が起きると、この問題は誰と誰とのどの方面の意見を聴くべきかを考える。そして意見を求める。自分の意見は決して言わない。それらの意見を参考にして、最後にソロバンを弾いて、どうすれば良いかを決定し、しかる後にこれを強靱に実行する智謀の将である」（同上）。

それも当たっている。そもそも議会主義は妥協の政治である。

しかし、西尾を「合理主義者」だけで割り切るのは間違いだろう。少なくとも二つの例外がある。一つは、戦後、笹川が公職追放で入獄したときだ。西尾はわざわざ見送りに行ってマスコミに誹謗されたのは前に書いた。もう一つは、芦田内閣への入閣だ。本人も辞退し、周辺もそれを勧めたが、西尾はついに盟友芦田を捨てきれず、入閣した。[illegible]の切々たる書翰に応えたのである。いずれも「合理主義者」の判断ではない。理屈を超え、芦田[illegible]、侠気としか言いようがない。

第四は、「百折不撓」の闘魂である。どんな挫折も恐れない根性だ。これについては[illegible]で触れた。

西尾のビジョン

これらの上に、西尾の政治ビジョンがある。

それは一口で言えば、英国労働党やドイツ社会民主党のような、政権政党になることである。保守と切磋琢磨する政党になることだ。議会制民主主義に立つ革新政党である。

西尾は、委員長引退後に常任顧問として「当面の政局について」講演している。一九七〇年四月二十一日、内外情勢調査会においてだ。

その冒頭で「実を申しますと、私は現在民社党の常任顧問ではありますけれども、いまの日本社会党創立の中心の役目をいたしたのでありまして、常に社会党の動向につきましては我がことのように気を配っておったわけであります」と述べている。

これが原点。講演の結びでは「（社会党と民社党は）お互いが友党的な考えを持って、せめては院内で共同闘争ができるようにあって欲しい。私はこの点を、この席を借りまして、社会党と民社党の人々にも訴えたいと思うのであります」と。自分がつくった二つの政党のいわば「復縁」を望んだのである。

一九六七年の統一地方選挙の最中、社会党の佐々木更三委員長が、突然、「民社党は第二自民党だ」と発言し、これに西尾ら民社党は大反発。早速、社会党に公開討論を申し入れ、三月十日、衆議院別館で両党首討論会が実施された。

そこで西尾は、るる持論を展開。「われわれは民主社会主義の旗をかかげている。立派に反体制的立場をとっている民社党を第二保守党、第二自民党というのは罵倒だ。『あなたは人間ではない』といわれるような最大の侮辱だ」と怒る。「両党ともニュアンスの違いはあっても、社会主義実現をめざす友党と考えていたのに許しがたい」、あるいは「院内活動でも我が党は社会党を友党だと思っている」（読売新聞一九六七・三・十一）と述べる。「友党」という言葉が最後に三回も出る。私は会場の警備係をしながら、そこまで言うかと西尾の思いは深かったのだ。いずれ、一緒に力を合わせなければならない、

佐々木は薄笑いを浮かべ、平然としていた。あとで判ったが、この発言は佐々木の仕掛けた芝居だったのだ。北九州市長選挙で、自民・民社の候補が強い。京都でもだ。そこで一発

噛ませたのが、あの談話だと自白している（佐々木『社会主義的・的政権』）。しかし、西尾は真顔で怒った。

これに較べ、公明党への評価は厳しい。「公明党は、もともとクラゲのような無性格な政党だから別」（「御殿場清談」四八年一月）と。

民社党は、二代目西村栄一委員長の時、公明党を含む野党再編に走るが、その前に、一九七二年二月の同盟大会での挨拶で西村は「社会党に対し、健全なる革新政党としてすみやかに民主的社会主義に賛成し、合流することを絶えず呼び掛けていく」と述べている。

一九六九年末の総選挙で、民社三十二、社会党九十という状況をふまえ、箱根で幹部会を開催、その結論を受け、佐々木書記長が山を下り、社会党本部を訪ね、江田書記長に、社会党に再統一への話し合いを申し込む。これに江田書記長が、生意気を言うな！　と激怒したのは、有名な話である。

周知のようにこうした話は、結局、「社公民」共闘の話となり、民社党は公明党との距離を縮め、公民選挙協力になる。西尾は、これに不満だったのである。

その後の民社党は、大きく変遷する。

転機となったのは、一九八九年に労働戦線の統一が先行し、同盟が解散したこと。つづいて、細川連立政権に参加する。これに参加するため、小選挙区制導入の踏み絵をふむ。これで、政界再編、政党の合併が決まる。新進党への合流である。後は、民主党と自由党、新党友愛、新しい民主党への合流、さらには、国民民主党と立憲民主党と、めまぐるしい。この政局の激流の中で、僅かなボートとして残っているのは、政治団体・民社協会の存在だろう。

西尾の代に、政権交代体制づくりは実らなかった。これは現代に続く課題だろう。西尾は、「主婦と生活」の花森安治編集長との対談で「これ（政治）は辛抱強くやらなければならん。短い時間で解決するストライキとはちがって、マラソン競走みたいに長い目でみる必要がある。今の瞬間に妥協しないで、一つの夢をもって、ゴールを考えながら走っていく。走りすぎてもいけないし、遅くてもいけない。これが私の人生訓です」（『週刊朝日』一九六〇・十・二十三）と語っている。

結党の年だが、最後までこの思いだったのだろう。「マラソン」を走る決意だ。結党時の綱領でも「われわれの道は、無限の進歩の道である」であるが結びの言葉である。

西欧社民の行方

いまの日本を見ていると西尾の思いは姿が見えにくいだろう。しかし西欧をみると、民社と同じ歴史を持つ政党がまだまだ活躍している。保守政党に代わる政党は、社会主義インターに属する民主社会主義の政党であることは決して偶然ではない。大戦後、西欧の社会主義政党は、反共反ソの社会主義センターとして社会主義インターを作った。日本もこれに参加してきた。

「西欧社民の衰退」と言われて久しいが、なおドイツのショルツ首相や、ノルウェー、デンマークなどの北欧諸国、あるいはオーストラリア、ニュージーランドなど、いずれも社民党政権である。朝日新聞は二〇二二年二月九日付けで「欧州の中道政党」を特集しているが、欧州そしてオセアニアでは、西尾のめざした政党がまだまだ活躍中なのだ。

国連のグテーレス事務総長は、元ポルトガル首相で、社会主義インター議長を務めた社会主義者である。

欧州議会（EU議会）を見ても、そうである。

社民勢力は、「社会民主進歩同盟」という塊で、各国の社民政党が頑張り、第二勢力だ（二〇二三年現在）。七百五議席のうち、保守主義グループの欧州人民党グループ（ドイツキリスト教民主同盟など。英国保守党らは欧州保守改革グループ）百八十七についで百四十七議席と健闘している。ドイツ社民党、イタリア民主党、スペイン社会党、フランス社会党、北欧諸党などが続く。

これ以外に、「欧州社会党」という分類では、英国労働党など二十八加盟党がある。社会主義インターが原点だが、組織が拡大しすぎて、アフリカの独裁政党も加入したため、ドイツ社民党が脱退するなど、組織の競合、対立があるが、詳細は分らない（数字はいずれも二〇二三年四月末現在）。

日本ではとかく、極右の国民政党の進出や、緑の党などが注目されるが、欧州の政治基盤はまだまだ頑丈で、「社会民主進歩同盟」を軸とする社民勢力は強い。この背景には労働組合の高い組織率があるのではないかと思う。

それと、日本の社民党とは大違いで、NATO（北大西洋条約機構）是認を始め、米国との同盟関係を重視していることだ。社会主義インターは一九六二年のオスロ宣言で「NATOは平和の砦」、ソ連の軍事的脅威に対抗して戦うことを宣言している。これが政権安定の基盤である。

これに対して、没落がひどいのは旧共産主義政党だ。一九九一年のソ連崩壊が決定的な契機である。

このショックは、日本でも大きかった。共産党に所属し、その後も共産主義者として影響を保持した荒畑寒村もがっくり。「おれはもう死にたい」「おれの人生は何だったのか。ソビエトは崩れ、中国は駄目で、社会党も駄目だ。おれは早く死にたいよ」（瀬戸内寂聴との対談）と。

社会党の副委員長まで務めた社会主義協会派の高沢寅男は、「自分の思い込みで間違ったことを述べてきた私の誤りを心からおわび」と社会主義協会機関誌（『社会主義』一九九四年五月号）に書いて謝罪し、社会民主党を離党した。ソ連型社会主義を講演してきた悔悟であろう。

最近、社会党の周辺にいたブレーンの一人、高木郁朗が『戦後革新の墓碑銘』という自伝風の書物をだした。社会党最後の「新宣言」に関与したらしい。ここで著者は二つのことを書き残したという。一つは、外交防衛問題。非武装中立の是非に触れなかったという。それでは政権を目指す政党として失格だろう。西欧社民は、上述したように、極言すれば社会主義（民主社会主義）＋西側同盟である。

これは一九五一年結成の社会主義インターの原点に関わる問題である。いわば反ソ、反共を共通項とするインターは、もう一つの原点があった。それは武力を持った反ソ同盟という側面である。「民主社会主義の目標と任務」というフランクフルト宣言を採択すると、引き続いて「平和のための武装決議」（平和のための闘争に関する社会主義者の世界的活動）を英国労働党が提案し、採択されている。

「平和は武装なくしては保障されない。しかし武装のみでは十分でない。共産主義は自由な民主主義の世界におけるあらゆる弱点を利用しようとしている。それゆえに、自由な民主主義国にとっては完全雇用および生活水準をめざす建設的な社会的経済的施策をもつことが必要である」

つまり、軍備は不可欠。それだけでなく福祉国家をつくって社会的不公正をなくそう、というもの。

この当時、社会党は左派が主導権をとり、インター大会にも鈴木委員長を始め、左派代表団を送る。代表団は、フランクフルト宣言に賛成するも、武装決議に唖然とする。これはまずいと採決を棄権して、いわば逃げ帰る。

国際政治学者の佐瀬昌盛は「ただ一党の棄権」「日本社会党が〝国際行動〟決議案を批判」（「フランクフルト宣言以後」「週刊民社」一九八五・十二・十三）と書いた。その上、インターは一九六二年のオスロ宣言で「NATOは平和の砦」と言い切った。ここまで来ると日本社会党はインターの完全なはぐれものなのだ。インターの加盟費も出さなかった。

『西欧社民』とは別で、むしろ、お付き合い先は、ソ連や中国、北朝鮮など共産圏諸国である。だから、社会党は、インターの共産主義政党との接触禁止決議違反（一九五六年理事会・幹事会）で、「民主社会主義者は、共産主義者との間の共同戦線や、政治的協力を拒否する」と決められており、再三、注意された。

西尾自身は、社会主義インターの前身だったコミスコ（国際社会主義者会議委員会）に行っている。さらに一九六一年のインター、ローマ大会に出席し、民社党は正式加盟した。また一九六四年のベルギーでのインター百年記念祭と理事会に出ている。

上述の高木論文には、まだまだ問題がある。それは、「社会民主主義の選択」と書きながら、「社会民主主義」の規定はしなかったと。これでは、西欧社民化とは言えない。

インターはいわば世界の社会主義の〝国際標準〟だろう。民社党は、小さいながらも、この国際標準の道を歩んだ。社会党は、世界に相手のいない独自の道。共産党ではない親共産主義の道だった。社会党を一時牛耳った、社会主義協会は、親ソ連そのものだった。

一九九一年のショックで、フランス、イタリア共産党などは一斉にプロレタリア独裁、民主集中制を放棄、ソ連からの資金援助を認め、崩壊した。もしくは、イタリアのように、マルクス主義を放棄し、社民政党と合併した。先進国で、なお共産党が健在なのは日本だけなのだ。やはり健全な政権交代体制づくりに、社民政党、正しくは民主社会主義勢力が必要なのだ。

ただし、誤解なく言えば、西尾は民主社会主義的なものは、西欧からの輸入品ではないと強調していることだ。少々長いが引用する。

「わが国の社会主義運動の源流は、およそ次の三つのものであったと考える。その一つは、明治初期から台頭した自由民権運動であり、藩閥政府、天皇制、政商的財閥に反対してデモクラシーを要求する民衆運動だった。二つは、ヒューマニズムに基づく社会改良の思想であった。この社会改良の思想はキリスト教的な信仰に強く彩られたもので、多くの社会主義や大正元年に発足した友愛会の基調をなす精神であった。第三の源流は、アメリカ的な生産組合主義であったと思う。この思想はときとして、ゴンパース流の純粋な労働組合主義の形をとって、わが国の初期の職工組合、労働組合の誕生を促し、労働者教育を促進したものである」(「週刊社会新聞」一九六〇・一・一)

これは結党の直前に出されたもの。我々の運動は、決して、欧米からの借り物でなく、それなりの伝統があるのだ、と強調したものだ。

日本で、民社党的、あるいは西尾的政治勢力が広がらない理由はいくつかあろう。筆者の独断で言えば、第一に、建前と本音の使い分け。つまり現実直視をさけ、ロマンを追うことか。これはかつて慶応大学教授中村菊男が、日本人の政治風土と称したものだ。西尾の現実主義より、よりロマンを求める風土か。

第二に、敗戦後遺症ではないか。各国の国民の国防意識調査（「世界価値観調査二〇一七〜二〇二〇年」産経新聞二〇二二・八・十三）がある。これの最新版でみても、これまでも、「自分の国を守るか」で、日本は断トツの最下位だ。五、六〇％はほとんどの国、五〇％を割るのは同じ敗戦国のイタリア、それにカナダ。日本は一三％と桁違いに低い。特に三十歳未満で八％とか。戦争になっても戦う気がない、国際社会では異常な〝平和〟国家だ。いまはウクライナ戦争で、国民の意識も変化しているだろう。

日本が戦後、占領軍によって武器を取り上げられたのは、敗戦国の常。その後は憲法九条で放棄。国防は米軍任せとなる。吉田茂総理は上述の阿部眞之助の言によれば軍隊を「ヤミ製造」。国防を正面からとらえ、憲法九条を変えるという内閣は、いまだに生れていない。同じ敗戦国のドイツと大違いだ。ドイツは憲法たる基本法で、国防そしてNATO入りを決めている。覚悟の上の対ソ姿勢だ。この覚悟がないと、日本ではいつまでも「平和主義」の幻影に酔う。平和主義では英語ではパシフィズムで、非暴力非抵抗主義のいわば変人あつかいだろう。

安倍晋三元総理は「積極的平和主義」と言いかえたが、そこまでだ。国防の意識が西欧並み、あるいは世界標準にならないと、日本は〝普通の国〟になれない。しかし、変化も起きている。ロシアのウクライナ侵略だ。朝日新聞世論調査（二〇二二年七月十九日）によれば、憲法九条を改正し、自衛隊を明記せよという意見がなんと五一％に達したという。反対は三三％。これは注目すべきだろう。

日本社会党が最後に決めた「新宣言」なるものも、そこは手つかず。これでは「西欧社民」にならない。あの細川連立政権も、自社の村山政権も、外交安全保障は、前政権の政策を「踏襲する」だったのは、決して偶然ではない。善くも悪くも、日米同盟を基軸とする外交防衛政策しか、道はないであろう。いまだに、これに疑義をとなえ、平和安保法制の廃止、基地撤去のような主張で日本がなりたつのか。

日本でも、西欧のような政治状況がいつか出現するであろうか。

西尾の主張は、実は今日の課題解決にも通用するのではないか。決して「墓碑銘」ではない。これを大胆にまとめると以下の通りか。

第一は、世界情勢を「社会主義と資本主義の対決」という当時の見方を否定し、むしろ「民主主義と全体主義の対決」と断定したことである。

これは、いまのウクライナ戦争をみれば、なお生きている見方ではないか。「民主主義と専制主義との対決」と異口同音だろう。いま世界で民主主義国は減少しているとさえ言われる。世界の七割は非民主主義体制下といわれる（スウェーデンのV-Dem研究所調べ）。

第二は、国防の重要性を強調したことである。国防なくして国家の安定はない。西尾は安保条約に反対するなら、現実的な対案を示せと頑張った。民社党結党でも綱領で防衛力を肯定したのは当然だ。ＮＡＴＯは社会主義インター加盟党が率先主導して作った。

第三は、安定した政権交代体制は、保守派と民社派の交代である。これは欧州、オセアニアを見れば顕著だろう。

第四は、労働組合活動の重視である。戦時中も、西尾は労組否定の産業報国会運動に最後まで反対した。今でも労働者の権利、生活を守る上で、労組の存在は不可欠だ。働き方改革など法や行政主導はサブ、あくまで労働者の団結が鍵だ。だから西尾は最後まで抵抗した。

第五は、皇室の擁護など日本の伝統をふまえた国民政党づくりだ。

西尾は九十歳で、激動の生涯を終える。京都の大谷祖廟に墓がある。こぢんまりした墓だが、京都の全景が見える高台にある。私はこの墓を掃除し、ギユットと握った。

あとがき

西尾末廣の伝記を書くのは覚悟がいる。すでに西尾本人が書いた『西尾末廣の政治覚書』、『新党への道』『大衆と共に』等がある。孫の安裕が編集した『大衆政治家・西尾末廣』も資料的価値がある。また、なんと言っても江上照彦の『西尾末廣伝』が圧巻である。

西尾の側近だった中村正雄元民社党副委員長をはじめ、秘書だった和田一仁元民社党副書記長、佐藤寛行元民社党教宣部長らがバックアップしたものだ。芳賀綏の『威風堂々の指導者たち』の中の西尾論は絶品である。他にも、遠藤欣之助、加藤日出男ら数名が書いている。

ところが、いずれも入手困難になった。そこで、何か、新書版スタイルで残せるものとなり、私にお鉢が回り困った。過去の話をなぞるだけでは面白くない。共産党との抗争や、映画との関わり、旋盤の話など、安裕らのアドバイスなども含め取り入れた。

私の独自性といえば、数年前に国会図書館で西尾が書いたと思われる社会党の「常任委員会ノート」を発見し、記録をまとめたこと、五、六年前に「江田三郎と西尾末廣の距離」をまとめ発表していること、日本共産党の統一戦線を調べ書いていたこと、また「安部磯雄と西尾末廣―日本民主社会主義の系譜」を数年前に書いたのを思い出した。それ以外では和田一仁元秘書に三回にわたって取材していること、などか。

ここで一つ。西尾を『タテガミのある男』といったのは誰か。仲間うちでも、意見が分かれる。

西尾が逝去したとき、産経新聞に千田恒記者が「タテガミのある政治家」と書いた。芳賀もこれを引用している。しかし芳賀自身ではないかという説もある。

『西尾末廣伝』のまえがきで、中村正雄が「時代の烈風のなか雄々しくたてがみをなびかせつつ、草原を疾駆する牡獅子のような一人の男」と書いている。しかし、一九八四（昭和五十九）年八月とあるから、千田記事を参考にした可能性がある。西尾逝去から三年後だ。そうすると千田説が有力だが、これ以上は詰めない。いずれにせよ、西尾は日本政治史の中で語り継がれるべき一人ではなかろうか。

出版にあたってお世話になった人は沢山いる。和田一仁・西尾末廣秘書からは生前三回の特別取材などのご厚意を得た。今回の出版に当たっては、畏友の寺井融の叱咤激励から校正をはじめ原健太郎、間宮悠紀雄、黒沢博道、西尾安裕、田口幸子、新城彪らの各氏から格段のご支援を受けた。また出版は展転社の相澤宏明会長のご厚意である。いずれも感謝の極みである。

文中、敬称を略した。写真は、友愛労働歴史館所蔵のものである。

主要参考文献・資料

＊西尾自著
「労働組合のＡＢＣ」関西労働総同盟、一九二四年
『大衆と共に』世界社、一九五一年
『私の政治手帖』時局研究会、一九五二年
「社会党統一問題への考察」時局研究会、一九五四年
『私の履歴書３』日本経済新聞社、一九五七年
『新党への道』論争社、一九六〇年
『西尾末広の政治覚書』毎日新聞社、一九六八年
『西尾末広想い出の人』民主社会主義研究会議、一九六八年
「当面の政局について」内外情勢調査会、一九七〇年
「御殿場清談」（「時局研究会」会報一九七二〜一九七五年）

＊西尾伝記
播谷藤吾『職工から大臣まで』筑波書房、一九四八年
加藤日出男『風雪の人西尾末広』根っこ文庫太陽社、一九六六年
遠藤欣之助『改革者西尾末広』根っこ文庫太陽社、一九七二年

後藤清一『ど根性こそ我が人生』読売新聞社、一九七四年
石井一『政魂の人、西尾末廣先生への追慕』アドセンター、一九八二年
江上照彦『西尾末廣伝』刊行委員会、一九八四年
西尾安裕編『大衆政治家西尾末廣』日本ジャーナリスト協会出版部、一九八四年
都甲正一『男の生きざま』西尾顕彰会、二〇〇三年

＊西尾論評等

木村毅「西尾末廣論」(『新星』一九四八年十月号)
中津研二「ねわざ師・西尾末廣の思想」(『中央公論』一九五九年十月号)
中村勝範「西尾末廣」(『日本政治の実力者たち(3)』)有斐閣新書、一九八一年
「側近が語る西尾末廣」(『時局研究会会報』一九八一年十一月六日号)
「大特集・追悼西尾末廣初代委員長」(『革新』一九八一年十二月号)
「特集・民主的労働運動と西尾末廣」(『同盟』一九八二年一月号)
田村祐造『戦後社会党の担い手たち』日本評論社、一九八四年
飯塚、宇治、羽原『結党四〇年・日本社会党』行政問題研究所、一九八五年、
週刊民社編『顧問誕生』民社党機関紙局、一九九三年
俵孝太郎『政治家の風景』学習研究社、一九九四年
笹川良一『巣鴨日記』中央公論社、一九九七年

芳賀綏『威風堂々の指導者たち』清流出版、二〇〇八年
阿部眞之助『戦後政治家論』文春学芸ライブラリー、二〇一六年
大河内一男、松尾洋『日本労働組合物語』（明治、大正、昭和、戦後）筑摩書房、一九六六年
＊拙著・拙稿
「江田三郎と西尾末廣の距離」尚美学園大学総合政策論集九、二〇〇八年
「戦後〝革新〟政党とイデオロギー―西尾と江田の〝社会主義〟」法政論叢四十五巻二号、二〇〇九年
「西尾末廣とその時代―戦前の労働運動、無産運動の指導者」尚美学園大学紀要二十二、二十三号、二〇一三年
「草創期社会党の人民戦線を巡る党内論争記録―西尾メモと浅沼メモを読む」大原社研雑誌六百五十六号、二〇一三年
『皇室を戴く社会主義』展転社、二〇一三年
『ドキュメント民社党』ココデ出版、二〇一四年
『安部磯雄と西尾末廣』桜耶書院、二〇一六年
『〝革新〟と国防』桜町書院、二〇一七年
『片山哲と中道連立―片山・芦田・西尾・ケーディスー』桜町書院、二〇一八年
『幻の勤労国民政党』桜町書院、二〇一九年

『民社烈烈』桜町書院、二〇二二年

＊取材記録

元秘書和田一仁からの取材テープ①二〇〇六・九・二十三②二〇〇九・二・二十八③二〇一〇・四・十七

西尾末廣関連年譜

一八九一（明治二十四）年
三月二十八日　西尾又右衛門、スエの三男として香川県女木島で生誕

一九〇一（明治三十四）年　十歳
三月　女木島の尋常小学校卒業
七月　高松市柴山高等小学校入学

一九〇四（明治三十七）年　十三歳
三月　柴山高等小学校卒業

一九〇五（明治三十八）年　十四歳
大阪の砲兵工廠に旋盤工見習。まもなく滝口鉄工所へ。

一九〇九（明治四十二）年　十八歳
滝口（藤井）フサノと結婚

一九一〇（明治四十三）年　十九歳
初枝誕生するが里子に。「河内屋」の養女に。

一九一一（明治四十四）年　二十歳
徴兵検査で第一乙種合格、砲兵補充兵。

夏から石井鉄工所勤務。

一九一二（明治四十五、大正元）年　二十一歳

長男又右衛門生誕。

（友愛会創立）

一九一三（大正二）年　二十二歳

石井鉄工所を退職

一九一四（大正三）年　二十三歳

（第一次世界大戦勃発）

長女須美子生誕。

砲兵工廠・弾丸工場に再び勤務。

一九一五（大正四）年　二十四歳

住友鋳鋼所に勤務。

友愛会に入会。

一九一六（大正五）年　二十五歳

職工組合期成同志会の旗揚げ。

住友鋳鋼所の職工一斉退職争議を解決。

一九一七（大正六）年　二十六歳

次女富美子生誕。

住友退職し、木村商店から江藤商店へ。

一九一八（大正七）年　二十七歳

（ロシア革命勃発）

安治川鉄工所に勤務。

（米騒動）

一九一九（大正八）年　二十八歳

友愛会に再入会

（友愛会、総同盟へ）

一九二〇（大正九）年　二十九歳

（日本最初のメーデー）

友愛会大阪連合会主務に就任。

友愛会大会で中央委員に選任。

三女喜美子生誕。

一九二一（大正十）年　三十歳

尼崎東亜セメント争議で陣頭指揮。

大阪造船労働組合組合長に。

大阪電灯争議で樋口伊之助親分宅で一騎打ち
藤永田造船争議のスト指導で収監される。
（神戸川崎三菱大争議）
一九二二（大正十一）年　三十一歳
（総同盟、綱領改正）
一九二三（大正十二）年　三十二歳
（関東大震災）
一九二四（大正十三）年　三十三歳
ＩＬＯ総会労働代表随員として外遊。ロシアも訪問。
総同盟主事となる。
一九二五（大正十四）年　三十四歳
総同盟中央委員会で会長代理として容共派労組を除名処分。
一九二六（大正十五、昭和元）年　三十五歳
（普選実施に向け、総同盟主導で社会民衆党結成、総同盟第二次分裂）
社会民衆党中央執行委員に。
一九二八（昭和三）年　三十七歳
第一回普選で、大阪三区より初当選。

一九二九（昭和四）年　三十八歳
初枝死去。
（世界大恐慌）
一九三〇（昭和五）年　三十九歳
総選挙で引き続き当選。
一九三一（昭和六）年　四十歳
（満洲事変）
総同盟大阪連合会会長に就任。
一九三二（昭和七）年　四十一歳
総選挙、地元乱立で落選。
ＩＬＯ労働代表として選任される。
（社民、労農大衆党と合同し社会大衆党結成）
総同盟大会（会長松岡）で主事に就任。
一九三六（昭和十一）年　四十五歳
総同盟と全労が合同し全総結成、副会長に選任。
総選挙で社大党十八名当選、しかし西尾は不出馬。
（二・二六事件）

一九三七（昭和十二）年　四十六歳
総選挙で社大三十七議席。西尾、五年ぶりに当選。
（シナ事変）
一九三八（昭和十三）年　四十七歳
衆議院本会議で国家総動員法案質疑で国会除名。
（産報運動、西尾批判）
一九三九（昭和十四）年　四十八歳
補欠選挙で返り咲く。
全総、三年半で分裂、総同盟に戻る。
一九四〇（昭和十五）年　四十九歳
斉藤隆夫国会除名に抗議し、社大党から除名。
勤労国民党は結社禁止。
（総同盟も解散）
一九四一（昭和十六）年　五十歳
（日米開戦）
一九四二（昭和十七）年　五十一歳
翼賛選挙で、非推薦で当選。

一九四五（昭和二十）年　五十四歳

（終戦）

日本社会党結成に尽力。大阪在住のため議会対策部長に。

一九四六（昭和二十一）年　五十五歳

総選挙で社会党第三党に。

総同盟結成大会。

社会党第二回大会で書記長に選任。

一九四七（昭和二十二）年　五十六歳

（二・一ゼネスト中止）

総選挙で社会党百四十三議席で第一党へ。

片山内閣発足し、官房長官に。

一九四八（昭和二十三）年　五十七歳

社会党大会で書記長辞任（官房長官専任のため）。

衆議院予算委員会で左派の謀略で予算案否決、片山内閣総辞職へ。

芦田内閣発足し、副総理に。

六月土建献金事件で起訴される（八月無罪確定）。副総理辞任。

十月昭電事件で逮捕（一九三三年無罪確定）。社会党、総同盟から除名。

一九四九（昭和二十四）年　五十八歳
総選挙で落選。
一九五〇（昭和二十五）年　五十九歳
（朝鮮戦争）
一九五一（昭和二十六）年　六十歳
時局研究会設立。
講和・安保条約で社会党分裂。
一九五二（昭和二十七）年　六十一歳
右派社会党に復党。
総選挙で返り咲く。
一九五三（昭和二十八）年　六十二歳
バカヤロー解散、総選挙で当選。
一九五四（昭和二十九）年　六十三歳
「社会党統一問題への考察」を発表。
一九五五（昭和三十）年　六十四歳
総選挙で当選。社会党統一。
一九五八（昭和三十三）年　六十七歳

総選挙で当選。
東京高裁で昭電事件無罪確定。

一九五九（昭和三十四）年　六十八歳
安保条約反対闘争で、対案なしの闘争を批判。
九月社会党大会で西尾統制処分可決。
再建同志会結成、社会党分裂。

一九六〇（昭和三十五）年　六十九歳
民主社会党結成。委員長に就任。
（民社研結成）
（安保騒動、浅沼刺殺事件）
総選挙で四十議席から十七議席に後退。

一九六一（昭和三十六）年　七十歳
社会主義インターローマ大会に出席し、民社党の加盟承認。

一九六二（昭和三十七）年　七十一歳
参議院選挙敗退。

一九六三（昭和三十八）年　七十二歳
書記長が曽祢から西村に交代。

衆議院本会議で永年勤続議員表彰。
総選挙で二十三名当選。

一九六四（昭和三十九）年　七十三歳
社会主義インター百年祭に出席
（同盟結成）

一九六五（昭和四十）年　七十四歳
参議院選挙不振

一九六七（昭和四十二）年　七十六歳
総選挙で三十議席確保。
党大会で委員長辞任し、常任顧問に。

一九六九（昭和四十四）年　七十八歳
総選挙で十五回目の当選。

一九七二（昭和四十七）年　八十一歳
勲一等旭日大綬章を受ける。
総選挙、出馬せず、引退。

一九七四（昭和四十九）年　八十三歳
慈恵医大に入院

一九八一（昭和五十六）年　九十歳

一時退院するも、京浜総合病院に入院。脳再出血と腎不全で逝去。民社党葬。

梅澤昇平（うめざわ　しょうへい）

昭和16年、北海道生まれ。早稲田大学政経学部卒業。民社党政策審議会事務局長、広報局長等を経て尚美学園大学総合政策学部教授。現在、同大学名誉教授、友愛労働歴史館調査研究員、国家基本問題研究所評議員長。
主な著書に『皇室を戴く社会主義』（展転社）、『安部磯雄と西尾末廣』（桜耶書院）、『こんなに怖い日本共産党の野望』（展転社）などがある。

西尾末廣

皇室と議会政治を守り、共産運動と戦った男

令和五年八月七日　第一刷発行

著　者　梅澤　昇平
発行人　荒岩　宏奨
発　行　展　転　社

〒101-0051　東京都千代田区神田神保町2-46-402
TEL　〇三（五三一四）九四七〇
FAX　〇三（五三一四）九四八〇
振替〇〇一四〇―六―七九九九二

印刷　中央精版印刷

定価［本体＋税］はカバーに表示してあります。

ISBN978-4-88656-559-4